基金项目：山东省教育科学规划课题"体验式文学教育研究"（ZC15038）阶段性研究成果。

语文唤醒教育研究

冯现冬 ◎ 著

中国社会科学出版社

图书在版编目(CIP)数据

语文唤醒教育研究 / 冯现冬著 . —北京：中国社会
科学出版社，2016.12
ISBN 978 - 7 - 5161 - 9326 - 6

Ⅰ.①语…　Ⅱ.①冯…　Ⅲ.①素质教育 - 教学研究
Ⅳ.①G40 - 012

中国版本图书馆 CIP 数据核字(2016)第 284192 号

出 版 人	赵剑英
责任编辑	任　明
责任校对	周　昊
责任印制	李寡寡

出　　　版	中国社会科学出版社
社　　　址	北京鼓楼西大街甲 158 号
邮　　　编	100720
网　　　址	http：//www.csspw.cn
发 行 部	010 - 84083685
门 市 部	010 - 84029450
经　　　销	新华书店及其他书店

印刷装订	北京市兴怀印刷厂
版　　　次	2016 年 12 月第 1 版
印　　　次	2016 年 12 月第 1 次印刷

开　　　本	710 × 1000　1/16
印　　　张	12.5
插　　　页	2
字　　　数	172 千字
定　　　价	58.00 元

本专著由山东青年政治学院学术专著出版基金资助出版

山东青年政治学院
SHANDONG YOUTH UNIVERSITY OF POLITICAL SCIENCE

名家语文学习唤醒经历的启示
（自序）

　　有人问中国科学院院士杨叔子："你能成为院士，有些什么个人因素？"

　　杨叔子说："重要的因素之一，是人文文化、中华民族的优秀传统文化、中国语文起了重要的直接或间接作用。"一位科学家如此看重语文学习和传统文化对自己的作用，不由让我们重新审视语文教育的"立人"功能。语文中所蕴含的优秀人文文化的滋养，一方面可以陶冶和提升一个人的思想情感，另一方面还可以锻炼和完善思维能力。这两个方面，对于一个人的成功起着举足轻重的作用，无论他将来步入哪一个行业领域。当我们用心考察诸多名家成功的因素时，不难发现语文教育在其成功的路途中扮演着重要的角色。他们当年所接受的语文教育，早已融化到自己的心灵和血液之中；而他们记忆中那些最鲜活的片段，都是曾经被唤醒的瞬间——那些恍然醒悟的时刻，或多或少地确定或者转变了他们生命的轨迹。因而，当他们回忆起自己学习语文的经历时，莫不表现出极大的兴味。探究名家在接受语文教育过程中被唤醒的经历，或许会给当前的语文教育以有益的启示。

　　第一，用丰厚的语文教育资源唤醒学生广泛阅读的兴味。

　　语文教育要立足于育人，就不能仅仅局限于语文教科书。教材不是语文学习的全部，也不是语文学习的目的，它只是语文学习的引子或工具。教师的任务，就是发掘出语文教育资源（优秀古文、时文）中所蕴含的丰富的唤醒因素，唤醒学生对于阅读的兴味。红学专家周汝昌回忆自己小学时对"人、刀、尺、马、牛、羊"以及"大公鸡，喔喔啼"一类单调乏味的课文的厌烦,一入高小,换用了世界书局的国文课本,所选皆是历代名作精品,从《苛政猛于虎》到《岳阳楼记》,从《秋声赋》到《病梅馆记》,还有《祭妹文》等,"体制风格,文采情操,极为丰富美好,没有单一感,没有说教性,篇篇打动人心,引人入胜,学生一拿起这种新课本,面有惊奇色,也有喜色"①。可见,如果东西本身是好的,那么,学生没有不喜爱的理由,哪怕教师并不多做讲解;如果学生普遍厌倦语文学习,那只能说明一件事——好东西都被教师给教坏了。敏泽回忆说:"有些书,如《古文观止》之类,由于学习时间较晚一些,理解能力有所提高,再加上它所选录的记叙文、论说文等,大都写得很生动、形象,读起来也津津有味,令人回味无穷。至于一些抒情性散文,如韩愈的《祭十二郎文》、李密的《陈情表》之类,读起来更是令人回肠荡气,兴致盎然,其乐无穷。与诵读《尚书》的篇章感受上有霄壤之别。"② 可见,优秀的语文教育资源,对于学生有一种天然的不可抵抗的吸引力,这样的学习本是符合孩子求知的天性而且是妙不可言的,假如学生学起来很痛苦,肯定是某些地方出了问题,不是读的东西不好,就是好东西被糟蹋坏了。

　　经典的教材能使学生终身受益,但一个人素质的养成需要丰富的养料,若仅靠单薄的教材,便只能培养单薄的人,他们不懂得用联系的眼光看待各类知识和万事万物,也不会触类旁通。辜鸿铭说:"今人读英文十年,开目仅能阅报,伸纸仅能修函,皆由幼年读一猫一狗式之教科书,是以终其身只有小成。"③ 其实,这个道理同样适用于语文学习。教师更重要的任务,是突破"一猫一狗式"教科书的眼界,引导学生的课外阅读,把优秀人类文化化作语文教育资源,以此唤醒学生阅读的兴味。而今,学生普遍为应试所迫,翻来覆去地折腾

---

① 王丽:《名家谈语文学习》,华东师范大学出版社 2007 年版,第 5 页。

② 同上书,第 39 页。

③ 张玉新:《走读中国·名人名文卷》,首都师范大学出版社 2001 年版,第 3 页。

那几册教科书，用题目的形式反复训练，却无暇顾及课外书。从小学开始，学生就疲于应付作业，没有从容的时间阅读课外书，慢慢地，就把孩子学习语文的兴趣给抹杀殆尽了。胡适说："看了一部《茶花女》比读了一部《古文辞类纂》还好。按良心说，我们的成绩完全是从《三国演义》《水浒传》《新民丛报》等有系统有兴味的文章得来的。""据我们的观察和研究所得，可以断定有许多文字明白通畅的人，都不是在讲堂上听教师讲几篇唐宋八家的残篇古文而得的成绩；实在是他们平时或课堂上偷看小说而来的结果。"① 这说明，一方面，没有兴味，没有体验，靠外部强加的读书等于白读，不能在心灵中留下痕迹；另一方面，要读整本的书，才能得到切实的、完整的效用。另外，课外阅读还可以养成学生自己学习的习惯和随时读书的习惯，养成终生阅读的兴趣。

第二，语文教师对学生的唤醒和影响力。

一所学校的地位与名声，终究取决于教师的素质与名声。而一个人在接受教育的生命历程中，影响自己最大的老师，往往都是语文教师，他们的言行直接启迪了自己的人生选择，影响了自己的人生道路。可见，语文教师在启迪人生这一方面的确有某种特殊的优势，这与语文学科的教学内容在唤醒学生方面的天然优势相辅相成。语文教育归根结底是一个生命影响另一个生命，一个灵魂唤醒另一个灵魂的活动。然而，由于唤者与觉者并非同一个主体，想要唤醒学生，教师首先必须是一个已经觉醒了的人，方能达到"以心契心"的唤醒效果。否则，自身糊里糊涂，如何还能去唤醒别人呢？梁实秋在《记梁任公先生的一次演讲》中回忆梁启超讲古诗《箜篌引》：

> 公无渡河，公竟渡河！
> 堕河而死，将奈公何！

---

① 顾黄初、李杏保编：《二十世纪前期中国语文教育论集》，四川教育出版社1991年版，第122、125页。

　　短短四句十六个字，经他一朗读，活画出一出悲剧。闻一多在回忆这次演讲时，说得更妙：梁任公先把古诗写在黑板上，然后摇头晃脑地朗诵一句，接着大声喝彩，叫一声"好!"然后再重复地念，全诗念完，连叫三声"好，真好，实在是好!"这样自我陶醉地一唱三叹，一声高似一声，并无半句解释，朗诵赞叹过后就让快擦黑板，黑板擦过，这首古诗就算讲完了。闻一多也是一个有激情的人，他在自己的课堂上，就经常采用梁启超的这种授课方式，也像他一样，每次讲过，大汗淋漓，状极愉快。而梁实秋在听了这篇讲课后20余年，偶然获得机缘在茅津渡候船渡河，但见黄沙弥漫，黄流滚滚，景象苍茫，不禁哀从中来，顿时忆起任公先生讲的这首古诗。可见，功底深厚的语文教师，自身所具有的那种精神气质，对学生会形成一种无声的陶冶、熏染。有人说，某些西方著名的大学教授，并不是站在讲台上滔滔不绝，而是边抽烟斗边跟学生随意交谈，这样，学生的素养就在这烟雾缭绕中熏染出来了。从教育的最终目的是唤醒学生的角度看，此话是有一定的道理的。觉醒的教师往往博学多能，功底深厚，又有人格作背景，更能够深解语文的真谛与趣味，故一言一行皆露意趣，往往能够在潜移默化中影响学生，引人入胜。比如李叔同当年在杭州师范学校教授图画、音乐，因而学生对图画、音乐，看得比国文、数学还重，这也是有人格作背景的缘故。

　　教师除了要具备深厚的学养功底，还要有一颗爱心。觉醒的人，往往是那些不失其赤子之心的人。魏巍在《我的老师》中饱含深情地回忆、思念爱生如子的蔡老师。当代著名表演艺术家、剧作家黄宗江谈到自己在班上用英语朗读《基督山恩仇记》中的一节，得到老师李尧林（巴金的二哥）的盛赞，黄宗江说："这也是我日后从事演剧的一个缘由吧。"① 老师影响了他的整个人生。

　　拿破仑有一次在同贡庞夫人交谈时问道："传统的教育体制似乎一无是处，为了使人们受到良好的教育，我们缺少的是什么呢?"

---

　　① 　王丽：《名家谈语文学习》，华东师范大学出版社2007年版，第11页。

"母亲。"贡庞夫人回答说。

这个回答深深地打动了皇帝。"不错！"他说，"在这一个词里包含着一种教育体制。"①

这段话说明了教师对学生具有母亲般的自发的爱，是决定教育成败的关键因素。学生年龄越小，"向师性"越是明显，因为孩子总是感性的，他们的一切思维、行动往往是出于感性。有时候，学生喜欢学习一门课，完全是因为喜欢这门课的任课教师，而这种喜欢，又完全是一种感觉，没有任何道理可言。

第三，传统教学方法的唤醒力、生命力。

传统的语文教育，在教学方法上并不刻意追逐，运用最多的是诵读。诵读能够调动起学生所有的感官去直接感受文本并使他们心无旁骛，最易于唤醒学生的体验与情感。名家学习语文的不二法门，除了多读课外书，就是诵读乃至背诵了。谢冕回忆余钟藩先生用闽方言古音吟诵《论语》的《侍坐章》，"那迂缓的节奏，那悠长的韵味，那难以言说的高贵的情调，再加上余先生沉醉其中的状态，都成了我生命记忆中的一道抹之不去的风景。尽管有余先生细致的讲解，当年只有十五六岁的我，仍然无法理解当时年届七十的孔子喟然而叹的深意，却依稀感到了他落寞之中的洒脱。当年听讲《侍坐章》的印象，就这样伴着我走过人生的长途，滋养着我的灵魂，磨砺着我的性情"②。但当时更提倡学生的自读、自学，教师更多的是处于一种悠游、无为的状态，却给学生埋下了旺盛的精神的种子。从前的读书人，必须背四书、背古文，有些人学习古文的方法，就是把唐宋八大家的文章贴在墙上，背熟了之后天天揣摩钻研。这样精心背诵揣摩文章，大概一辈子也不可能完成很多。但是，能够背熟、搞通一部名家著作，却可以成为精神的根基，使人受用终生。

多读课外书、多背诵，对于学生的理解力、记忆力都很有帮助。

① 张健鹏、胡足青：《故事时代》，当代世界出版社2003年版，第23页。
② 王丽：《名家谈语文学习》，华东师范大学出版社2007年版，第137—138页。

而学生的理解力、记忆力提高了，不仅能够学好语文，就是对理科的学习也大有帮助。钱梦龙在谈到自己的自学经历时说："这时我发现，凡是自己喜欢，并且思考过理解了的东西，其实是很容易记住的。"又说："这时，小小的奇迹出现了：随着读写能力的提高，我的理解力和记忆力也有了明显的改善，本来视为畏途的数理学科，现在学起来并不感到困难了。"① 回忆我们自己小时候读书时，一开始其实就是处于懵懵懂懂的状态中，随着"人事"渐知，有一定的理解力之后，方知"学习"为何物。所以，不时地记诵，由不懂到懂，由浅入深，反复体味经典的文化、道德内涵和作者的爱心，它们就会成为自己文化、道德修养和感情的组成部分。"草色遥看近却无""润物细无声"，潜移默化，终身受益。

传统的语文教育就是阅读和写作两样，教学方法就是多读多写。除了诵读，在写作方面，面批也是依然具有生命力的传统教学方式。张良皋在回顾自己从良师学到的经历时说："晋侯先生批改文章之严肃认真，会令今日语文教师咋舌：改到某个学生的文章，该学生必须一旁肃立，其余学生四周恭聆。先生当场考问，当场圈点，当场改正，当场写批。遇到高兴得意处，还把学生和先生的'共同作品'朗诵一番，共享创作愉悦。"② 此情此景，要学生不爱上作文也难。其实，教学方法也浸润着教师对学生心灵的关心。可见，语文唤醒教育的实现，首先要求教师在教学中以心契心，以情激情，用深切的爱来唤醒学生。

第四，个人兴趣在某个机缘被唤醒。

语文教育资源、教师因素以及传统教学方法毕竟属于外部的教育力量，如果不能引起受教育者内在的觉醒，外在的这一切就变得毫无意义。每一个人都有不同于他人的气质禀赋，而教育的任务，就是唤醒受教育者各自沉睡着的气质禀赋，对于有些孩子，他们的气质禀赋

---

① 窦爱君编著：《钱梦龙与语文导读法》，国际文化出版公司2003年版，第5—6页。
② 王丽：《名家谈语文学习》，华东师范大学出版社2007年版，第45页。

可能睡得很沉。叶圣陶说："一棵树，一棵草，它那发荣滋长的可能性，在一粒种子的时候早已具备了。"① 而人的被唤醒也是如此。因此，只有切近其气质禀赋的特别机缘，才有可能唤醒他"发荣滋长"的某种可能性。于漪在《往事依依》中回忆自己小时候学习语文的经历。看《水浒传》时，会把家乡长江边焦山一带的风景当成是梁山泊的故事背景。每次阅读，犹如身临其境，无比生动的形象在脑海中形成了最深刻的记忆，甚至成年以后再读，也比不上幼时那么生动而深刻的形象了。于漪小时候读《千家诗》，诗句中丰富的意象往往给自己的生活涂上了一份绚丽的色彩，那些美丽的诗句，总是令人心旷神怡，少年的于漪便沉浸在美的享受中，感觉到生活情趣浓浓郁郁。可见，于漪天然的气质禀赋，便是对文字的敏锐感觉，她出众的形象思维能力和想象力，让她更容易被优美的语言文字所打动，情感被唤醒。

林语堂说："知趣乃学文之始。"语文教育最根本的，是要唤醒学生对于语文的兴趣，对于文字的兴趣，对于阅读、写作的兴趣，而不是抹杀。很多名家都对传统文化有一种挥之不去的热爱，他们往往把自由阅读当作莫大的享受，从而爱上语文，爱上阅读，让语文带给自己一生的受用。并且，很多人是在某个机缘里受到鼓励而走上了写作的道路。跟孩子接触久的人会知道，要想让孩子违背自己的意愿去学习某种东西是多么困难！他们从来不能真正地学会和理解自己不喜爱的东西，因为他们是真实的。小学阶段，是一个儿童的天赋遭到抑制的阶段，因为孩子们一旦开始了正规的教育，他们的学习行为是通过分数和标准化考试得到评价的，因此，他的才能会被局限在考试能力上；他也可能被认为具有某种类型的学习困难，从而彻底失去了对自己内在天赋的信心。可见，只有处于一种积极的学习氛围中，儿童的天性才会使他们自发地、容易地、快乐地汲取知识。正如阿什利·蒙塔古所说："儿童是这个世界上最饥渴的学习者。"自然的学习对于儿童来说跟呼吸、吃饭和睡觉一样重要，可不恰当的教育却把他们扭

---

① 刘国正编：《叶圣陶教育文集》第 2 卷，人民教育出版社 1994 年版，第 7 页。

曲得连呼吸、吃饭和睡觉都不想要了。因此，违背人性的外界强迫，从来都起不到正面的教育作用。我们教育的最终目标，应该就是激发学生的兴趣而不是扼杀它们，无论是对待语文学习，对待自然万物，还是对待生命存在。

我们发现了一个引人深思的现象：很多名家回顾自己的语文教育唤醒经历，竟然大多是私塾教育，也就是语文尚未独立设科前的教育。当年的语文教育，经历了岁月冲蚀、风霜染洗，当时的凄清与苦闷已在记忆中消融殆尽，沉淀下来的却是青灯有味、书卷多情的缱绻意境。有意味的是，私塾教育非但没有让他们厌倦，反倒让他们津津乐道，皆言大有收获，那些优秀的古文，成为自己做人的奠基。正如敏泽所说："在面向世界，大力学习西方的思潮中，在我们的骨子里和血液中却很难找到任何对外来文化的媚态和对自己民族传统的亵渎的。这一切不仅体现在我的研究工作和学术著作中，也体现在我的言行中。因为传统通过早年的启蒙教育已经早早地埋藏在我们这代人的心灵和血液之中。"① 这不就是语文学习最根本的东西吗？而我们当前的语文教育，若干年之后，还会留下什么呢？

名家语文教育唤醒经历涉及语文课程、教师、教法以及个人兴趣，无论是多读课外书、教师的作为和语文学习的经典教学法——诵读，都只是一个目的，那就是——唤醒学生。因此，前三个方面对于学生来说，依然是属于外在的。要想语文教育成功，还需要学生的主动，主动去读、主动去背、主动去思，进而主动把优秀的文化化作自己生命成长的养料。如果学生的学习仍然处于被动状态，那么，无论学习内容多么丰厚，教师多么博学，教法多么精妙，终归是与学生的心灵无关，因为，你永远无法唤醒一个装睡的人。

冯现冬

丙申年冬于泉城燕子山下

---

① 王丽：《名家谈语文学习》，华东师范大学出版社 2007 年版，第 43 页。

目　录

第一章

语文唤醒教育的内涵阐释

第一节 唤醒教育的内涵

一 教育的唤醒本质

我国古代对"教育"一词的解释为：教者，"上所施下所效"①
"先觉觉后觉也"②。育者，"长也""养子使作善也"③"可以赞天地
之化育"④，即导引天地之道来教化人、使人生长。对"学"的解释
为："学，觉悟也。从教、从冖。冖，尚矇也。"⑤"尚矇"，就是尚处
于蒙昧状态。《段注》曰："冖下曰覆也。尚童矇，故教而觉之。"⑥
由此可见，无论是从造字法还是从原初本义来看，"学""教"同源，
"学，教也"（《集韵·效韵》)⑦，"学"就是"教"，"教"就是
"学"，其本义都在于"觉"，即"使人觉醒""唤醒"之意。《中庸》

---

① （东汉）许慎：《说文解字》，李翰文译注，九州出版社 2006 年版，第 272 页。
② 杨伯峻：《孟子译注》，中华书局 1960 年版，第 225 页。
③ （东汉）许慎：《说文解字》，李翰文译注，九州出版社 2006 年版，第 1209 页。
④ （宋）朱熹：《四书章句集注》，金良年今译，上海古籍出版社 2006 年版，第
41 页。
⑤ （东汉）许慎：《说文解字》，李翰文译注，九州出版社 2006 年版，第 272 页。
⑥ 同上。
⑦ 同上。

开篇云："天命之谓性，率性之谓道，修道之谓教。"① 用一"教"字，把"性"和"道"二者联系起来，强调依循人的天然本性的自由发展，用教育去启悟天赋自觉之心，追求天人合一境界上的内在觉醒与完美。而《大学》则明确指出教育所应担负的使命："大学之道，在明明德，在亲民，在止于至善。"② 朱子注曰："明德者，人之所得乎天，而虚灵不昧，以具众理而应万事者也。但为气秉所拘，人欲所蔽，则有时而昏；然其本体之明，则有未尝息者。故学者当因其所发而遂明之，以复其初也。"③ 这里的"明"，就有"唤醒"的意味。可见，《大学》的宗旨就在于唤醒人之所得乎天，并使其常新而不被染于污浊，最终至于"善"之极致而不迁。

西文中的"教育"一词，英语为 education，法语为 éducation，意大利语为 educazione，德语为 erziehung，均源自拉丁文 educare，其动词形式是 educěre，由前缀"e"和词根"ducěre"组成，"e"有"出"的意思，"ducěre"则为"引导"，二者合起来，其本义就是"引出""导出"，意思是通过一定的手段，把某种本来潜在于身体和心灵内部的东西引发出来，将某种"潜质"或"可能"转变为"现实"。而德语"教育"一词（erziehung），本身就有"引导、唤醒"的意味。可见，从词源上说，西文"教育"一词，原本就有内发之意，强调教育是一种顺其自然的活动，旨在把自然人所固有的或潜在的原始生命力，自内而外引发出来，以成为现实的发展状态。

从以上内容可以看出，东西方对"教育"一词本义的理解，都强调其内发性。教育的首要功能是促进个体发展，而发展的途径是引发、解放、陶冶、生成，而不是威逼、利诱、硬灌、强制。教育的过程即是对人的本性、潜能的引导、唤醒，并对其身心施加影响使之臻于完美的过程。因此，从某种意义上说，教育和唤醒有着千丝万缕的

---

① （宋）朱熹：《四书章句集注》，金良年今译，上海古籍出版社 2006 年版，第 23 页。

② 同上书，第 5 页。

③ 同上书，第 6 页。

内在联系。德国文化教育学派的斯普朗格（Eduard Spranger，1880—1963）认为："教育绝非单纯的文化传递，教育之为教育，正在它是一个人格心灵的'唤醒'（Erweckung），这是教育的核心所在。"① 也就是说，教育的最终目的不是传授已有的东西，也不是强迫学生记忆外在于他自身的知识，更不是像生产机器部件一样，以现成的、固定的模式用外力去塑造学生；而是要从人生命深处唤起他沉睡的自我意识、生命意识，把人内在的主动力量诱导出来，促使其生命感、价值观、创造力的觉醒，以实现自我生命意义的自由自觉建构，正像德国文化教育学派的另一代表人物鲍勒诺夫所描述的："唤醒，使主体的人在灵魂震颤的瞬间感受到一种从未体味过的内在敞亮，他因主体性空前张扬，而获得一次心灵的解放。"②

可见，斯普朗格强调教育的目的是促进人的总体生成，实施人本体结构的唤醒，使其容受文化价值并消化于本体生命之中，获得人生意蕴的全面体验，充实生命内容，陶冶人格与灵魂，成为全面发展的多维的人，反映出教育向人自身的不断接近。德国存在主义哲学家雅斯贝尔斯则进一步指出："教育只能根据人的天分和可能性来促使人的发展，教育不能改变人生而具有的本质。但是，没有一个人能认识到自己天分中沉睡的可能性，因此需要教育来唤醒人所未能意识到的一切。"③ 因此，从教育本体论上讲，教育在本质上是一个"唤醒"的过程。所谓"唤醒"，就是选择现存世界的优秀文化，通过主体间的意义对话及其活动，从人的生命深处唤起沉睡的自我意识，促使其生命感、价值观和创造力的全面觉醒，解放心灵，使人从生命内部产生一种自觉的力量，在生命建构过程中实现其最大可能的发展与自由。

---

① 邹进：《现代德国文化教育学》，山西教育出版社 1992 年版，第 73 页。

② 同上书，第 142 页。

③ ［德］雅斯贝尔斯：《什么是教育》，邹进译，生活·读书·新知三联书店 1991 年版，第 65 页。

二　唤醒教育的内涵

当代教育把教育从权术本体、知识本体和智力本体中拯救出来，重新回归到人性本体上来，确立了以"立人"为主题的教育理念。唤醒教育正是建立在以人为本基础上的，通过对人性的全面唤醒从而实现自我生命自由自觉建构的过程。在当前教育改革与发展的浪潮中，唤醒教育作为一种新型教育理念，具有更为深广的内在意蕴。

首先，唤醒教育的过程是受教育者内在心灵觉醒的过程。

教育作为一种社会活动，影响着社会经济、政治的发展，但也容易受到后者的影响和制约，成为功利化的工具——把学校当成工厂，把学生当成产品。这种教育的目的，是希望受教育者成为为社会所用的工具，而不是个性化的人。这种由外部施加的教育，教育者越是勤勉，就越远离受教育者的内部世界，造成南辕北辙的局面。而唤醒教育，才是使教育由外部作用走向影响学生内部心灵的必经之路。唤醒教育的目的，就是唤醒受教育者的潜能，并保护、培育其天性，使受教育者成为真实的、独立的、自由的、主动发展的人，很多教育名家对此都有论述。如蔡元培说："教育是帮助被教育的人，给他能发展自己的能力，完成他的人格，于人类文化上能尽一分子的责任，不是把被教育的人，造成一种特别器具。"[1] 蒙台梭利说："教育就是激发生命，充实生命，协助孩子们用自己的力量生存下去，并帮助他们发展这种精神。"[2] 雅斯贝尔斯也说："教育活动关注的是，人的潜力如何最大限度地调动起来并加以实现，以及人的内部灵性与可能性如何充分生成，质言之，教育是人的灵魂的教育，而非理智知识和认识的堆积。"[3] 国际 21 世纪教育委员会向联合国教科文组织提交的教育研

---

[1]　高平叔编：《蔡元培教育论著选》，人民教育出版社 2011 年版，第 394 页。

[2]　高岚、申荷永：《蒙台梭利教学法：理论与实践》，中国和平出版社 1996 年版，第 18 页。

[3]　［德］雅斯贝尔斯：《什么是教育》，邹进译，生活·读书·新知三联书店 1991 年版，第 4 页。

究报告说：教育是"保证人人享有他们为充分发挥自己的才能和尽可能牢牢掌握自己的命运而需要的思想、判断、感情和想象方面的自由"。① 仔细研读以上论述，无论是"人格""生命"，还是"灵魂""自由"，都指向人本体，是唤醒教育的核心。那么，为什么唤醒受教育者的心灵如此重要呢？亚里士多德认为，"一切人类知识都来源于人类本性的一种基本倾向"②，即不符合人类本性的东西，都是外在于人的心灵的，因此就不能被人所吸收，哪怕通过外界的强迫被暂时记住了，当这种强迫一消失，终究还是会被忘掉。从这个意义上说，只有符合人的本性的知识，才能被人所理解与吸收，并化作人自身的素质和能力。皮亚杰的认知发展理论也证明，人的认知结构要经过对客体信息的同化和顺应，才能不断建构新知识，并达到动态平衡。皮亚杰强调主体在认知发展建构过程中的主动性，即认知发展过程是主体自我选择、自我调节的主动建构过程。而一个心灵被唤醒的人，才能真正具有主动性。所以，教育首先要做的，就是唤醒人的心灵，实现人的本质。因此，教育绝非单纯的文化传递，也不是客观的知识挪移，而是通过教师、学生、课程等诸要素"主体间性"的生命对话，让学生领悟到自身的存在和内在心灵的需要，在生命成长的过程中学会思考和表达自己，按照自己所希望或所向往的样子去自主、自觉地成为自己、发展自己，自由地选择自己的存在方式，进而把握自己的命运，创造自己的人生，不断地丰富自己作为"人"的内涵。从这个角度来说，唤醒教育就是对人性的唤醒、充盈与放飞。

其次，唤醒教育是通过理解来唤醒"意义"的教育过程。

在唤醒教育理念下，教师、学生、课程，三者之间所发生的一切关联和交流，都是围绕着"意义"进行的，唤醒的本质就是让学生领悟"意义"。这种"意义"并不是指知识本身的意义，而是指人的

---

① 联合国教科文组织总部中文科：《教育——财富蕴藏其中》，教育科学出版社 1996 年版，第 85 页。

② ［德］恩斯特·卡西尔：《人论》，甘阳译，上海译文出版社 1985 年版，第 4 页。

感受、体验，更进一步地说，是指人的精神领悟和发现，即知识对于自我生命或人生的意义。当课程与教师、学生的生命发生关联时，当三者之间发生真正的对话时，这种由意义而引发的共鸣会使对话双方惊喜地感受到生命的跳动、探索的愉悦以及难以遏止的激情与冲动，而在这个意义生成的瞬间，师生恍然获得生命的唤醒，课程目标也因意义的昭示而最终得以完成。因此，在唤醒教育中，意义就像一个媒介，一座桥梁，联结起了教师、学生、课程三个方面。从学生方面来说，他并不是像个空瓶子一样，等着别人把东西装进去；作为有灵性的人，他有自我发展的需要与潜力，也有自主学习的欲望和能力，具有被唤醒的潜在可能性。教育要着眼于学生个体的内在潜能，给予充分引导、激励，使学生成为自主发展、自我实现的人。从课程方面来说，课程对学生的意义不在于它是系统化了的客观知识，而在于课程中凝聚了人类的思想与情感以及探索精神和创造能力。认识对象的重要正在于它对主体有意义，这就使认知过程中的主客体关系由"我与它"转化成了"我与你"，教育不再外在于受教育者，而成为与每个个体息息相关的事情，赋予每个个体存在的意义。正是在这种"意义"的地基上，人的教育系统得以形成与发展。从这个角度来说，人不仅生活在一个客观世界中，而且生活在自己赋予意义的主观世界中。因此，唤醒教育就是通过让受教育者理解古今中外的优秀文化，体味文化中对自己来说不同寻常的意义，进而唤醒他们吸收文化、自觉学习的欲望。在文化教育学派的开创者狄尔泰看来，一个对象如果能够被理解，那么这个对象一定与认识主体本身有着不可割裂的关系，而教育的任务，就是找到这种关系，并用它来唤醒学生沉睡的心灵和潜在的能力。

最后，唤醒教育是一个永无止息的生成与建构过程。

唤醒能够使人真正认识自我以及所处的外部世界，使人成为一个具有自我意识的人，能够把握自己命运的人。然而，在教育中，唤醒并非一蹴而就。20世纪60年代中期出现的终身教育思潮提醒人们：教育贯穿人的一生。因此，人的生命成长是一个需要不断被唤醒的过程，而这一过程的实现主要依赖于教育。斯普朗格提出教育的人格生成说，强调教育对人格的作用是以生命为中心不断发展的。受教育者在一次又一次觉醒与领悟的过程中，一次比一次更加真切地认识自我、发现自我，从而逐渐根据理想中的真我来自由自觉地建构与完善现实自我。人的一生就像是在修一座巨塔，或许一开始甚至在修筑的途中并不知道这座塔究竟要修成什么样子，但只要永远依循着自己的愿望去不断地努力，最终将会看到理想中塔的模样。所以，人的生命永远处在动态的自我觉醒、理解、生成与建构的过程之中，处在由种生命（自然生命）向类生命（自为生命）的永恒趋向与超越之中，对生命采取一种主动的姿态是人生命成长的内在需要。如果说，人生是一场修行，那么，这场修行主要依靠永无止息的唤醒教育而得以最终实现。孔子所云"兴于诗，立于礼，成于乐"①，即描述了一个自我生成与建构的生命之旅：从以"诗"为表征的自我生命意识的觉醒走向以"乐"为表征的自我精神超越的过程，而这个过程是通过自我行为规范的建构——"礼"来实现的。这个由"诗—礼—乐"所组成的人生三部曲，我们不妨把它视为一个终身学习的过程，就像孔子所说的："吾十有五而志于学，三十而立，四十而不惑，五十而知天命，六十而耳顺，七十而从心所欲，不逾矩。"② 这是古代仁人志士的人生追求，也是一个通过不断唤醒自己而臻于更高境界的永恒超越过程。

第二节 语文唤醒教育的生成

唤醒教育作为一种教育理念，可应用于每一门课程，但对于语文课程和当前的语文教育来说，尤为重要和迫切。因为语文作为基础教育的奠基课程，具有多重功能，不同于其他学科课程。语文课程的内

---

① 杨伯峻：《论语译注》，中华书局1980年版，第81页。

② 同上书，第12页。

容和教学方法，与唤醒教育有着天然的密切联系。《义务教育语文课程标准（2011 年版）》指出："语言文字是人类最重要的交际工具和信息载体，是人类文化的重要组成部分。"① "语文课程是一门学习语言文字运用的综合性、实践性课程。"② "语文课程对继承和弘扬中华民族优秀文化传统和革命传统，增强民族文化认同感，增强民族凝聚力和创造力，具有不可替代的优势。"③ 汉语言文字蕴含着丰富的文化、审美因素，与人的生命具有同构性，本身对学生有着强烈的唤醒作用。学习语文可以促进学生精神成长，厚植文化根基。正如斯普朗格所说："教育也是一种文化活动，这种文化活动指向不断发展着的主体的个体生命生成，它的最终目的，是把既有的客观精神（文化）的真正富有价值的内涵分娩于主体之中。"④ 教育的根本任务，就是吸取文化中有价值的营养，以促进个体生命的丰富与成长，即"人文化成"。对于语文教育来说，同样如此。语文教材中一篇篇文质兼美的文章，都是人类优秀文化的结晶，浸染其中，不但有利于学生形成正确的世界观、人生观、价值观，培养良好个性和健全人格，而且还有利于吸收古今中外的优秀文化，增强民族文化认同感，提高思想道德修养和审美品位。可以说，唤醒是语文课程内容的内在属性和当前课程改革的迫切需要。因此，在语文教育中，要充分重视、努力发掘语文课程本身所具有的唤醒属性，在教学实践中实施唤醒教育，提高学生语文素养，促进其身心和谐发展。

　　唤醒是语文课程内容的内在属性，也是判定语文教学价值与有效性的重要标准。从古至今，我国语文课程内容的重要载体都是选文，虽然选文的篇目时有变更，但语文教育的历史和实践证明，通过选文来学习语文仍然而且必将是语文教育的重要方式。因此，我们不妨结

---

① 中华人民共和国教育部：《义务教育语文课程标准（2011 年版）》，北京师范大学出版社 2012 年版，第 1 页。

② 同上书，第 2 页。

③ 同上书，第 1 页。

④ 邹进：《现代德国文化教育学》，山西教育出版社 1992 年版，第 4 页。

合语文教材的选文，来探讨语文唤醒教育的生成机制。为论述方便，我们可以把一篇文本分为三个层面，即语言文字层面、思想意蕴层面和审美表现层面。在文本的每一层面，都蕴含着丰富的唤醒因子。

一　语言文字层面的唤醒

语言文字不仅是文化的工具，也是文化的重要组成部分。鲁迅认为汉字有三美："意美以感心，一也；音美以感耳，二也；形美以感目，三也。"[①] 较全面地概括了汉字给人带来的美感。语文教育专家曹明海教授认为："汉字的构成就如同一个人的生命完形，它有外形和骨架、有思想和神韵、有情感和精神。"[②] 每个汉字都是由形、音、义组成的方块，但组合起来就成了变化无穷的魔方，而且具有唤醒人的生命的魔力。语文教师在备课过程当中，要用自己的心灵去发现、倾听那字里行间流动着的生命精粹，体会语言文字的文化内涵，让语言文字先活在自己的心中，然后，驾轻就熟地选取蕴藉于其中、适合唤醒学生心灵的因素，以促进学生的生长。比如汉字的教学，教师除了要具备广博丰富的语文知识以外，尤其要对汉字有着深透的理解与运用功夫，不但要熟练掌握其音、形、义，对关键字词，还要掌握其源流和文化内涵，知晓其运用的通例与特例、奇例，要揭示给学生选词造句的识解与功夫。在实际教学中，学生特别喜欢教师可以就一个字一个词列举出不同的古今例句，比较品评，分析鉴赏，这样比起单字机械识记的办法来，既有趣味，又能使学生大开眼界与"脑界"。朱树人在编纂我国第一部教科书《蒙学课本》时，其编辑大意指出："旧法令学生苦认方块字，孤寂无情，断非善法，是编以两名相连，开卷由联字而缀句，而成文，七八岁童子稍有知识者，谅无不能贯串之理。"又说："我国文字语言离为二物，识字之所以难也。"[③] 在识

---

① 《鲁迅全集》，人民文学出版社 2005 年版，第 354—355 页。

② 曹明海：《本体与阐释：语文教育的文化建构观》，山东教育出版社 2011 年版，第 4 页。

③ 李杏宝、顾黄初：《中国现代语文教育史》，四川教育出版社 1997 年版，第 40 页。

字教学中通过揭示汉字本身所蕴含的意义来唤醒学生的兴味，不仅使所教的内容深植在学生心底，而且能使学生深深地爱上中国语言文字，这种爱会进而发展成为审美享受，是语文教学的重要价值所在。

同时，中国的语言文字，古代汉语是其源头，因其承载了文化的积淀，信息含量特别丰厚。因此，学习语言文字，就要引导学生拂去遮掩其上的历史灰尘，重新感受它的思想和神韵，体会它的情感与精神，让文字焕发出原有的生命光彩，以此触动学生的心灵，唤醒学生对语言文字的敏感性。著名特级教师于漪在一次讲话中曾说："语文教师教阅读课的时候，首先要唤醒文字。因为语言文字是躺在书上的，你要唤醒文字，你要把文字看成是蝌蚪，是条鱼在游了，是灵活的，然后是闪光的，你把书、把文章读活了，真正理解这些语言文字表的情达的意，你上课就可以如数家珍，左右逢源，就能吸引住学生。"① 语言文字是有生命力的，于漪的比喻令人深思。《文心雕龙》曰："夫缀文者情动而辞发，观文者披文以入情：沿波讨源，虽幽必显。"② 语文教学的过程，就是通过对语言文字溯源性的解读，唤醒语言的生命活力，进而踏入深奥的文化殿堂。比如，《论语》中的"学而时习之，不亦说乎"一句，其中的"习"字就有深刻的文化内涵，不是"温习""复习"那样简单。"习"的繁体字为"習"，朱熹注："习，鸟数飞也。学之不已，如鸟数飞也。"③ "习"的造字意象就是小鸟反复试飞的样子，《礼记·月令》中有"鹰乃学习"之句，这是用了"习"的本义。我们现在还说"微风习习"，即用了"习"的引申义。再联系到孔子时代所学习的内容——六艺，其中大部分都是需要亲身实践的，所以，这里的"习"就不是现代汉语所说的温习、复习，而是含有实践、练习的意思。这样再去理解原句，

---

① 于漪：《语文教育要致力于拥有自己的话语权》，《语文学习》2013 年第 1 期。

② （南北朝）刘勰：《文心雕龙》，戚良德注说，河南大学出版社 2008 年版，第337 页。

③ （宋）朱熹：《四书章句集注》，金良年今译，上海古籍出版社 2006 年版，第58 页。

结合自身体验，就会有更深的感受和启发；若是把这种理解上升为一种学习理念，就能更深入地理解语文课程的"实践性"特点。其实不只是学习语文，学习任何东西，都是理论和实践相结合的过程，学以致用，才能体现学习和学习者的价值；唤醒学习者的成就感，激发学习者的创造性，才能从内心深处产生愉悦感，所以孔子说"朝闻道，夕死可矣"①。这体现的是一种追求真理，并力求在实践中检验、应用，乐之悦之，至死不渝的思想。学生若真正理解了这句话，就好比在心间埋下了一颗唤醒的种子，将终生受用无穷。

还有一种语言现象，即文本所用不过是平常语词，但其中却封存了作者敏锐的感受和独特的发现。抓住这些语词，往往能够深入体会作者的感受，走进文本的深层。如《湖心亭看雪》有"强饮三大白"一句。"白"，教材注为：古人罚酒用的酒杯，这里指酒杯。古代表示饮酒器具的词很多，如樽、觞、盅、觥、爵、杯、酌等，可以看出我国酒文化的发达。但一个饶有意味的问题是：作者张岱在文章中为什么选择用"白"呢？因为"白"不是普通酒器，而是古代罚酒的杯子，俯视杯口，形似甲骨文"白"字，后称满饮一大杯酒为"浮白"或"浮一大白"。张岱在这里用"白"字，其实在意不在器，强调的是罚酒的意趣。古代饮酒礼仪，对迟到者要罚酒。张岱晚去，故金陵客有罚酒之意；张岱虽不胜酒力，却还"强饮三大白"受之，足见其率真的性格，也表现出二人志趣相投、相见恨晚之情意。可以说，这一句虽然看似是在不经意间写出，但其中蕴含了非常微妙复杂的感受。再如王维《鸟鸣涧》中"月出惊山鸟"的"惊"字，"月出"本是无声无息，却还是把已经睡熟的山鸟惊醒了，可见山野之静，以微动衬幽静，更反衬了诗人内心的宁静与空灵，给人以美的震撼。教师如果能循着这些语词的指引，揭示出其背后的文化、审美内涵和凝聚其中的独特感受，肯定能唤醒语言文字的表现力和生命力，把学生带入意蕴和审美的丛林。除此以外，语文中的词类活用、特殊

① 杨伯峻：《论语译注》，中华书局 1980 年版，第 37 页。

句式等语言现象，也可以在学生心中激起陌生感和新鲜感，对学生具有一种天然的唤醒功用。因此，语言教学，需要教师抓住关键字词，揭示出文字所包蕴的思想情感以及文化内涵，当然这首先要求教师自身要具备广博的传统文化素养才行。孙绍振先生说："在语言和情感之间横着一条相当复杂的曲折道路。语言符号，并不直接指称事物，而是唤醒有关事物的感知经验。而情感的冲击使感知发生变异，语言符号的有限性以及诗歌传统的遮蔽性，都可能使得情志为现成的、权威的、流行的语言所遮蔽。"[①] 因此，对于语言教学，教师要做一番"去弊"的工作，还要做一番"还原"的工作，回归这些富有表现力的语词的本源，避开对它们的"自动化"理解，唤醒语言文字本身的"生趣"和"真趣"，激活学生对它们的新鲜感。只有这样，文本的字字句句才能真正播种在学生的心田，并成为他们终生的精神资源。

二　思想意蕴层面的唤醒

思想意蕴是文本中作者所要表达的感悟、情感、思想等。文本中所包蕴的作者独特的感悟、浓烈的情感、深刻的思想等都可以给人以震撼，从而唤醒沉睡的心灵。可以说，作者的心灵与读者的心灵最终在这里相遇，通过理解、体验、顿悟而达到息息相通，语文教材中的经典名篇无不具有这种唤醒功能。不过这里所说的思想意蕴层面的唤醒，不同于一般意义上条分缕析的生硬说教，更不同于概念化与教条化的变相灌输，它不能脱离具体的语言文字和学生的生命体验而独立存在。思想意蕴和语言文字，犹如一枚硬币的两面，缺少哪一面都会没有价值。因此，文本意蕴不能靠架空分析，得意忘言，像传统语文教学那样总结段落大意和文章主旨让学生记忆的方法，因其外在于学生的生命，不但不能唤醒学生，还容易引起学生的厌烦情绪。

---

① 孙绍振：《月迷津渡——古典诗词个案微观分析》，上海教育出版社 2012 年版，第 73 页。

　　朱自清曾就这方面有过辩证而精辟的论述，他说，在阅读教学中，"往往只注重思想的获得而忽略语汇的扩展，字句的修饰，篇章的组织，声调的变化等"。在他看来，"只注重思想而忽略训练，所获得的思想必是浮光掠影。因为思想也就存在语汇、字句、篇章、声调里；中学生读书而只取其思想，那便是将书里的话用他们自己原有的语汇等等重记下来，一定是相去很远的变形"。① 所以提出"不放松文字"，要对语言文字进行咬文嚼字的训练。另外，把文字吃透、记诵，从而转化为自己的文化积淀，丰富自己的词汇库，对更新学生的作文用语也有莫大的帮助，而不再是"相去很远的变形"。王尚文教授也说过："语文要有'人文'的引导，需要'人文'来激活，但人文只能渗透于语文之中。"② 又说："人文论拒绝人文羞羞答答从'工具'的后门溜进，跟在'工具'后面也罢，和'工具'站在一起也罢，总而言之：都不欢迎！人文论堂堂正正要求人文认认真真、切切实实渗透于语文之中，渗透于阅读、写作之中，渗透于文本之中，渗透于每个段落、句子、词语、标点之中。"③ 只有紧密联系语言文字的思想意蕴层面的教学，才是有滋有味的教学，才能够有效唤起学生的情感体验，真正体现语文教学的语文味儿，而不是空洞的政治化说教。

　　任何文本，其思想意蕴层面的教学内容，要想"渗透"入学生心里，就必须唤醒学生的生命与生活体验，让学生与文本和作者对话，与文本建立起生动的联系，其中的意蕴才会被学生真正吸纳，产生"随风潜入夜，润物细无声"的效果。有的文章思想意蕴具有丰厚的历史文化背景，仅是语言文字层的学习还不足以使学生深入体会作者的思想情感，深刻理解文本的内在意蕴，这时就需要教师在教学中适时引入背景知识，还原作者写作的历史文化情境。比如苏轼的《记承

---

　　① 《朱自清全集》第 1 卷，江苏教育出版社 1998 年版，第 284 页。
　　② 李震、王尚文：《关于"语文教学对话"的对话》，《江苏教育学院学报》（社会科学版）2010 年第 7 期。
　　③ 同上。

天寺夜游》，文章结尾一句是"何夜无月？何处无竹柏？但少闲人如吾两人者耳"。其中的"闲人"二字蕴含着丰厚的意蕴。苏轼为何自称"闲人"？其中蕴含着怎样的现实感喟与审美观照？这就唤起学生探究"乌台诗案"和苏轼被贬黄州的时代背景，以及苏轼自身的文化个性和精神追求，从而达到深刻理解作者失意中的旷达、困窘中的超然的唤醒目的。再如，李清照的《武陵春》用新奇的比喻写出了愁之深重，其中的"物是人非事事休"一句，是李清照经历了国破、家亡、身病、物失的惨痛遭遇，"事事"二字中既有家事之痛，也有国事之悲，如此惨痛的经历、深沉的情感，在李清照笔下被浓缩到一句话中，自有其感人至深的力量。"事事"的丰富内涵，使学生对这首词所表达的情感和意蕴有一种透彻的感受，唤醒了学生对文本"同情的理解"，对其中隐含的人生况味体会更深。教学中，只有激起这样的感受才能使外在于主体的文学文本变成主体内心的感情波澜，才能真正触动学生的心灵，引发情感的律动和思维的共鸣，起到深刻的唤醒作用。

三 审美表现层面的唤醒

如果说语言文字层重在对文本的理解，思想意蕴层重在对作者创作意图的把握，那么，审美表现层就重在对美的品味鉴赏——"沉浸酣郁，含英咀华"——在这种状态中，学生的心灵更容易被唤醒，因为对美的趋向与追求是我们每个人的天性。审美表现层面包括文本的意象意境、艺术手法、语言运用、表达方式、句法修辞、文体特征，等，其中都蕴含着品之不尽的美感。比如马致远的《天净沙·秋思》和张若虚的《春江花月夜》等所体现出的诗歌意象、意境的整体之美。再如《孔雀东南飞》，用"孔雀东南飞，五里一徘徊"起兴，不仅起到统摄全篇、引起下文的作用，而且为全诗奠定了低沉、抑郁、悲凉、感伤的情感基调，令人一读而动容。《醉翁亭记》中"……者，……也"的句式结构，其中二十一个"也"字的妙用，让人真切感受到欧阳修的陶然醉意及心底的无穷乐趣，能够深深地打动学生的心灵。审美表现层面的唤醒功能，主要在于以各种形式的美感来唤醒学生发现美、欣赏美的能力。即使是同一题材和类型的诗歌，也能发掘出不同的美感，比如孙绍振解读边塞诗，就读出了其中的苦寒美、动静制宜美、语气参差美、视听交替美等。① 再如，同样是草，韩愈的"草色遥看近却无"的审美价值，却不同于其他诗人笔下的青草、纤草、劲草、枯草等，因为他发现了春草的另一种美——似绿非绿、若有还无。这不仅是对春草审美价值的发现，也是对人的共有感受的精准概括。另外，还有各种文体之美，像记叙类文章的叙事之美，说明类文章的科学之美，议论性文章的理性之美，等等，都与学生天性中对真善美的追求有着同构关系，从而激发起学生学习语文的浓厚兴味。

朱自清说："从词汇和比喻的选择，章句和全篇的组织，以及作者着意和用力的地方，找出那创新的或变古的、独特的东西，去体会，去领略，才是切实的受用。"② 审美表现层面的唤醒教育，当学生在教师的引导下由日常注意转到审美注意，往往意味着学生对生活、生命有了新的发现和体验，内心深处的某些东西被唤醒，隐形的情感、想象之翼就会展开。鉴赏审美表现，可以在学生动情或顿悟的瞬间，唤醒并丰富学生的体验，给他们一颗善感的心灵和一双审美的眼睛，这正是语文唤醒教育的价值所在。当然，审美表现层面的美是多种多样的，从不同的角度会有不同的发现，可谓"横看成岭侧成峰，远近高低各不同"。但每一种美的发现，都是学生心灵和文本及作者相遇相激的结果，每当这种时刻，文本中跃动着的思想与精神、生气与生命、神韵与情趣等便都会以其强烈的艺术冲击力唤醒学生的审美体验，引发学生对世界、自然、人生的欣赏与探究。

总之，文本是作者心有所感、情有所动、思有所得之后的创作成

---

① 孙绍振：《月迷津渡——古典诗词个案微观分析》，上海教育出版社 2012 年版，第179—192 页。

② 《朱自清全集》第 2 卷，江苏教育出版社 1998 年版，第 38 页。

果，也是优秀文化的组成部分，其中每个层面都蕴含着唤醒因子，这种唤醒因子是内生的而不是外加的。教师的工作就是要善于把它们激活，引发学生心灵的悸动和情感的共鸣，使学生心灵与文本所传达的内在生命结构之间产生深层次的契合，从而使学生恍然获得生命的觉醒。语文教学内容天生具有唤醒功能，因此，要求教师在语文教学中充分利用这些唤醒因素，运用感受、体验、陶冶等唤醒教学方式，使语文教学内容的语文味儿能够充分展示出来，而不是冲散它。另外需要注意的是，上述三个层面并不是截然分开的，而是彼此交错、相融相生。语文教学往往要经历一个"言—象—意"相互循环的螺旋式上升过程，好的教师会引导学生在这三个层面之间走一个来回，入宝山而满载归。

第三节　语文唤醒教育的构成

从语文唤醒教育的资源来看，它就存在于语文教学内容本身。明确了用什么来唤醒，接下来还要从学生自我生命成长的角度探讨唤醒什么，也就是语文唤醒教育的构成。如果把富含唤醒因子的文本比喻成乐谱，那么它需要师生的共同弹奏才能变成美妙的乐曲。教育的本质在于唤醒，语文教育的过程就是运用语文课程中汉语言文字所蕴含的文化、审美因素对受教育者的内在心灵进行唤醒的过程。语文教师在教学过程中运用自己的教育智慧，一方面揭示出文本的唤醒因素，复活语言文字的魅力；一方面唤醒学生的心灵，使之接纳、容受优秀文化。需要注意的是，在教育过程中，学生心灵的觉醒具有个体差异性，即使是同一个个体，面对同样的文本，也有唤醒程度的差别。所谓："读《论语》，有读了全然无事者，有读了后其中得一两句喜者，有读了后知好之者，有读了后直有不知手之舞之足之蹈之者。"① 这

---

① （宋）朱熹：《四书章句集注》，金良年今译，上海古籍出版社 2006 年版，第56 页。

就要求教师在教学过程中从学生的个性心理特点出发，承认并尊重学生的个体差异，使每个学生都能得到不同程度的唤醒。探索语文唤醒教育的生命层次构成，有助于教师了解学生心理的变化和心灵的发展，使语文教学朝着理想中的目标迈进，即争取在最大程度上唤醒每个学生的心灵，促进学生生命的不断成长。

一 唤醒学生"原初本性"的自觉

什么是"原初本性"？简单点说，"原初本性"就是人之为人，你之为你，我之为我的那个天生的、固有的本性，或者说是人的本质，在这里可以理解为人的自我生命意识。对"原初本性"的唤醒，就是对自我生命意识的唤醒，目的是使人"自觉"。人从呱呱坠地，自我生命意识就一直处于一种蒙昧、沉睡状态，接受生活知识也容易处于被动状态，家长一般都把"听话"作为对孩子的最高褒奖，这样一来，孩子就基本上丧失了自我觉醒的外部条件。6岁以后，孩子进入学校接受正规学校教育。在我国古代，孩童开始接受正规教育称作"启蒙"，又叫"开蒙"，也就是说，从此开启蒙昧、走向觉醒。可见，使学生告别蒙昧状态、唤醒其自我生命意识，本来就是教育的第一要义，也是"教""学"二字的本义所在。因此，是否真正开启了学童的蒙昧、使之醒悟，应该作为评判教育有效性的根本标准。可现实情形却是，长期以来，教育一直游离于学生的心灵之外，作为一种外部的"强加"或"塑造"而存在；在学习中，学生长期处于被动接受状态，从而丧失了自我意识和学习的主动性、自觉性。由是，学习变成了一份苦役，教育也变成了一种费力不讨好的活儿。在这里，我们呼唤教育回归其原初本质——唤醒学生的自我生命意识，使学生发现真正的自己。

其实，我国古人早已意识到了这个问题。《大学章句序》开篇即道："盖自天降生民，则既莫不与之以仁义礼智之性矣。然其气质之禀或不能齐，是以不能皆有以知其性之所有而全之也。一有聪明睿智能尽其性者出于其间，则天必命之以为亿兆之君师，使之治而教之，以复其性。"① 也就是说，人都具有先天之性，但并不是所有的人都知道自己的本性而使它全面发挥出来，能够知道并能尽情发挥的，则可以做老师，通过教育的方式以使其他人也能回归自己的本性并发扬之。何为"性"？朱熹曰："喜怒哀乐，情也。其未发，则性也。"② 性，即"未发"之情，还处于沉睡状态，从这个意义上说，在达到理性年龄以前，"性"在儿童的行动中并无所谓善恶，善恶是后天的赋予。而教育的第一要务，就是要"发"之，要唤醒，要培养为善之人性。因此，朱熹又道："人性皆善，而觉有先后，后觉者必效先觉之所为，乃可以明善而复其初也。"③ 正是从这个意义上，《孟子·万章上》指出："天之生此民也，使先知觉后知，先觉觉后觉也。"④ 这就是"教"的原初内涵。可见，人皆有其原初本性，但处于沉睡状态，教育的目的就是唤醒原初本性（"复其性""复其初"），使学生通过教育意识到自我生命的存在，并学会依据自己的原初本性主动选择自己的存在方式，以"尽其性"。正如卢梭所言："孩子的头脑之有可塑性，是为了让那些能够为他所理解和对他有用处的观念，这些观念关系到他的幸福和日后指导他履行其天职，早已以不可磨灭的印象记在他心中，使他一生当中能按照适合于他的天性和才能的方式过他的生活。"⑤《中庸》进一步指出："天命之谓性，率性之谓道，修道之谓教。"⑥ 用"教"字，把"性"和"道"联系起来，强调依循人的天然本性的自由发展，用教育去启悟天赋自觉之心，追求天人合一境界上的内在觉醒与完美。可见，教育的主要目的是培养、完善

① （宋）朱熹：《四书章句集注》，金良年今译，上海古籍出版社 2006 年版，第 3 页。
② 同上书，第 24 页。
③ 同上书，第 58 页。
④ 杨伯峻：《孟子译注》，中华书局 1960 年版，第 225 页。
⑤ ［法］卢梭：《爱弥儿——论教育》上卷，李平沤译，人民教育出版社 2001 年版，第 126 页。
⑥ （宋）朱熹：《四书章句集注》，金良年今译，上海古籍出版社 2006 年版，第 23 页。

人之本性。清代王夫之说："学，觉也。"① 主张教学就是要启发学生学习的自觉性，认为先天之性，天成之；后天之性，习成之。而语文教育就是要触及人之本性，启发自觉之心，也就是要唤醒人的本质。语文教育家陶行知说："生活、工作、学习倘使都能自动，则教育之收效定能事半功倍。所以我们特别注意自动力之培养，使它关注于全部的生活工作学习之中。自动是自觉的行动，而不是自发的行动。自觉的行动，需要适当的培养而后可以实现。"② 我国在 20 世纪初盛行的自动主义教育新思潮，就是强调在智育上注重自学、在体育上注重自强、在德育上注重自治。可见，从学生的原初本性出发唤醒学生的生命自觉，是一切教育活动的前提，是教育之为教育的价值所在。

二　唤醒学生"现实生命"的自觉

所谓对"现实生命"的唤醒，就是指通过语文教育，唤醒学生主动建构生命的自觉，侧重于自觉的行动力，也就是说，通过唤醒学生的生命感与现实动机，让学生在语文学习上由被动转为主动，以达到学生主动去学习的目的，即"自求得之"。人通过体验来认识世界，而每一个人的生活经验、生命体验都是有限的，这就决定了人认识世界的心理结构并不是开放的，而是半开放半封闭的。教师的人生阅历自然比学生更为广阔与丰富，因此，这就使得教师的教学活动成为可能。从这个意义上说，"先觉觉后觉，暗者求于明而师道立矣"③。也就是说，教育本是"先觉"者帮助和唤醒"后觉"者的"教"，与"暗"不到达者求助于"明"而晓达者的"学"的双向活动，一方施教于人，一方求道于师。因此，只有觉醒的老师，才可能有唤醒的教育。当然，也不排除学生在与文本的对话中直接或者无意中被唤醒的情形，此时对于学生来说，文本与教师处于同等的地位，具有同等

---

① 张隆华、曾仲珊：《中国古代语文教育史》，四川教育出版社 2000 年版，第 395 页。

② 罗明等编：《陶行知文集（修订本）》，江苏教育出版社 2001 年版，第 850 页。

③ （宋）周敦颐：《元公周先生濂溪集》，岳麓书社 2003 年版，第 58 页。

的唤醒功用。当学生的部分封闭性被打开，心灵被唤醒时，他仿佛发现了一个前所未见的新鲜世界，感受到一种恍然发现与豁然开朗的惊喜，并且，他会自觉地把这份发现跟自己的生命联系起来，同时发现了一个新生的自我。这样一种发现的快感会让他产生极大的兴趣，进而产生去发现更多的世界与自我的欲望与冲动。

《大学章句序》曰："其学焉者，无不有以知其性分之所固有，职分之所当为，而各勉焉以尽其力。"① 就是说，学习，要建立在了解自己本真性情的基础之上，只有了解了自己的性情、发现自己的潜能到底在哪里，也就是生命意义之所在，然后才能去努力实现自己潜在的一切，这才是让一个人最愉快的事情。仅靠外在的塑造，无异于南辕北辙，既不能引发学生学习的兴趣，也不能真正促进学生生命的成长。随着时间的流逝，外塑的东西终将剥落，只有学生发挥主动性去获得的东西，才会长久地积淀在灵魂深处。孟子曰："仁义礼智，非有外铄我也，我固有之也，弗思耳矣。故曰：'求则得之，舍则失之。'"② 李泽厚认为，孔子在塑造中国民族性格和文化 - 心理结构上的历史地位，在于他用理性主义精神来重新解释古代原始文化。他把原始文化纳入实践理性的统辖之下。所谓实践理性，是说把理性引导和贯彻在日常现实世间生活、伦理感情和政治观念中，而不做抽象的玄思。比如，孔子答宰我"三年之丧"："子生三年，然后免于父母之怀。夫三年之丧，天下之通丧也。予也有三年之爱于其父母乎？"③这就把传统礼制归结和建立在亲子之爱这种普遍而又日常的心理基础和原则之上。把一种本来没有多少道理可讲的礼仪制度予以实践理性的心理学的解释，从而也就把原来是外在的强制性的规范，改变而为主动性的内在欲求。④ 因此，语文教育也可以借鉴孔子的这种做法，通过诵读、体验、陶冶等富有"实践理性"的方法，借助语文课程

① （宋）朱熹：《四书章句集注》，金良年今译，上海古籍出版社 2006 年版，第 3 页。
② 杨伯峻：《孟子译注》，中华书局 1960 年版，第 259 页。
③ 同上书，第 188 页。
④ 李泽厚：《美学三书》，安徽文艺出版社 1999 年版，第 55—56 页。

内容中固有的唤醒因素来唤醒学生"主动性的内在欲求"，从而化教师"外铄"为学生"自得"。任何一位教师，无论他再优秀，教学水平再高，也不能代替学生自身的成长。正如清代王夫之所说"教在我而自得在彼"①，教师教得好，学生并不一定学得好，关键在"自觉""自得""自悟"。叶圣陶进一步说："教，是为了不需要教。"其实，还应该加上一句：教，是为了唤醒学生学的自觉。也就是说，教师不只注重教，还应该注重唤醒学生的主动学习意识，使之能够"自得"。陶行知说："'学'字的意义，是要自己去学，不是坐而受教；'生'字的意义，是生活或是生存。学生所学的是人生之道。不可学是学，生是生，要学就是生，生就是学。"② 又说："你哪一天生存不是学？你哪一天学不是生存呢？孔子到了七十岁，方才从心所欲不逾矩，他是一步一步上进的。凡改变我们的，都是先生；就是我们自己都是学生。"③ 此即韩愈所谓"生不必不如师，师不必贤于弟子"。因此，在语文教学中，教师要转变角色，不能越俎代庖，而应该让学生自己去读、去体验、去思考。《孟子·离娄下》曰："君子深造之以道，欲其自得之也。自得之则居之安，居之安则资之深，资之深则取之左右逢其源，故君子欲其自得之也。"④ 学生主动、积极地去"自得"，才能学习好，积累深厚，才能自己成长。东方朔在《答客难》中说："枉而直之，使自得之；优而柔之，使自求之；揆而度之，使自索之。盖圣人之教化如此，欲其自得之；自得之，则敏且广矣。"⑤ 晋朝的杜预在《〈春秋左传集解〉序》中也说："优而柔之，使自求之；餍而饫之，使自趋之。若江海之浸，膏泽之润，涣然冰释，怡然理顺，然后为得也。"⑥ 这是说通过"自得"使学习进入一个悠然的、

① 张隆华、曾仲珊：《中国古代语文教育史》，四川教育出版社2000年版，第395页。
② 罗明等编：《陶行知文集（修订本）》，江苏教育出版社2001年版，第48页。
③ 同上书，第49页。
④ 杨伯峻：《孟子译注》，中华书局1960年版，第189页。
⑤ （南朝梁）萧统：《昭明文选》第5册，华夏出版社2000年版，第1772—1773页。
⑥ 同上书，第1807页。

自由的、愉悦的境界。总之，对"现实生命"的唤醒，要求教师把学生内在的潜能变为现实的生命状态，正如中国古典美学所强调的，唤醒教育是"情理结合、情感中潜藏着智慧以得到现实人生的和谐和满足，而不是非理性的迷狂或超世间的信念"。①

三　唤醒学生"自我实现"的自觉

对"自我实现"的唤醒，即唤醒学生自我精神追寻的自觉，以求在自身成长过程中能够过一种自动的智慧的生活，这是语文唤醒教育的终极目标。如果说，"自觉"层回答了"我是谁"的哲学命题的话，"自我实现层"则是回答"我要到哪里去"的问题。人的一生，目的在求自我的实现，而要实现自我，就需要通过教育去发现、唤醒、引导人的潜能，并使之充分发挥出来。什么是自我实现？自我实现是人本主义心理学家马斯洛提出的一个概念，马斯洛认为，"一位作曲家必须作曲，一位画家必须绘画，一位诗人必须写诗，否则他始终都无法安静。一个人能够成为什么，他就必须成为什么，他必须忠实于他自己的本性"②。因此，自我实现指的是"人对于自我发挥和自我完成的欲望，也就是一种使人的潜力得以实现的倾向。这种倾向可以说成是一个人越来越成为独特的那个人，成为他所能够成为的一切"。③ 简单地说，即人的潜能（友爱、自尊、创造以及对真善美和公正等价值的追求）的充分发展。根据马斯洛的需要层次理论，人有自我实现的需要，而唤醒教育就是要唤醒人的潜能，力图满足人的需要。自我实现具有自发性、主动性、创造性等特点，并由成长性动机来推进，体现了唤醒教育的内发属性。马斯洛在提到创造性时说："自我实现的创造力似乎与未失童真的孩子们的天真的、普遍的创造力一脉相承。它似乎是普遍人性的一个基本特点——是所有人与生俱

---

① 李泽厚：《美学三书》，安徽文艺出版社1999年版，第58页。

② ［美］亚伯拉罕·马斯洛：《动机与人格》，许金声译，中国人民大学出版社2012年版，第29页。

③ 同上。

来的一种潜力。"① 这就从心理学上证明了语文唤醒教育的内发性。自我实现是人的内在需求，而人内在的生命意识、创造意识，为语文唤醒教育的实施提供了心理学依据，并使其得以实现。自我实现者的人格特征是：对日常生活永感新鲜，在生命中曾有过引起心灵震动的高峰体验，而高峰体验的一个基本特点是"体验者内在的整合以及随之而来的体验者与世界的整合"②。在语文教育中，这种高峰体验表现为学生心灵世界与文本世界的整合，在这个过程中，学生的心灵与文本相契合，并引发共鸣，学生在心领神会、赏心怡情的一瞬间不仅体味、捕捉到文本微妙至深的情趣和意蕴，而且在发现文本奥妙的同时也发现了真正的自我，情感得以释放，精神得以升华，产生焕然一新的感觉。因此，对自我实现的唤醒，是人的本性发挥的极致。正如麦克利什在一首诗中所写："一个人并不想要成为什么/他本来就是如此这般"。③ 然而，个人潜在能力的发现是不容易的，有的人一辈子也不知道自己适合干什么，能够干什么，因为他终生未被唤醒过。正是在这个意义上，马斯洛认为，自我实现目标只是对最完美的人生的一种期待，只有少数人能够达到，可以引导孩子向着那个目标前进，在这个过程中，他的人生已经趋于完美了。因此，语文唤醒教育应该在这方面做出自己的努力。

马斯洛的"自我实现"用我国古人的说法，就是注重人文化成，追求完美的理想人格，即"止于至善"。中国古代把教育看成是人文陶冶、人格养成的历程，看成是使人从依循本能的自然人蜕变成文化人的历程。自我实现的人应该是有德性、有主体价值和自由意志的人，如同《学记》中所描述的："大德不官，大道不器。"④ 自我实现

---

① ［美］亚伯拉罕·马斯洛：《动机与人格》，许金声译，中国人民大学出版社 2012年版，第 178 页。

② 同上书，第 205 页。

③ 彭运石：《走向生命的巅峰——马斯洛的人本心理学》，湖北教育出版社 1999 年版，第 211 页。

④ 杨天宇：《礼记译注》，上海古籍出版社 2010 年版，第 465 页。

的人，其学习不是出于外部功利目的，而是为了完善自己。颜之推曾说："古之学者为己，以补不足也；今之学者为人，但能说之也。古之学者为人，行道以利世也；今之学者为己，修身以求进也。"① 讽刺了当时以功利为目的的学习，至今仍有很大的启发意义。这些观念，对于重建现代教育人文生态、实现自我生命建构的唤醒教育理念有着重要启示。

　　综上所述，语文唤醒教育的构成层次，实质上就是学生在语文学习中发现自我、发展自我和实现自我的生命历程。这三个层次具有连续性和渐进性。如果没有自我发现，人就不可能进入"自觉"状态；如果不求"自得"，所谓的发展就不能持续，更难以"自我实现"。学校教育是培养学生成才并最终走向社会的前站，如果我们不注意培养学生的自觉意识，那么学生以后就可能再没有机会去发现自我、发展自我和实现自我。他可能会谋到一份赖以维生的职业，然后"泯然众人矣"。这种结果，并非学校教育的初衷。因此，唤醒学生的自觉，培养具有独立意识和创新精神、能够自我发展和自我实现的人，仍然是教育最终的追求目标。

---

① （南北朝）颜之推：《颜氏家训》，时代文艺出版社 2001 年版，第 101 页。

第二章

语文唤醒教育的理论探源

第一节　西方文化教育学的唤醒教育论

文化教育学是 19 世纪末首先出现在德国的一种教育学说，后来成为西方最重要的教育哲学流派之一，其代表人物有狄尔泰、斯普朗格、李特、福利特纳、鲍勒诺夫等。文化教育学将教育、人、文化相互连接，融为一体，使教育成为人生完成的永恒过程。文化教育学认为，"教育也是一种文化活动，这种文化活动指向不断发展着的主体的个性生命生成，它的最终目的，是把既有的客观精神（文化）的真正富有价值的内涵分娩于主体之中"①。可见，在文化教育学看来，教育的根本任务就是吸取文化中有价值的营养，以促进个体生命的丰富与成长。从这个意义上可以说，教育是一个从客观文化价值到个人的主观精神生活的转化过程。那么，如何实现这一转化呢？其代表人物斯普朗格第一次提出了"唤醒"（Erweckung）这一概念。他认为，一方面，教育并非学习某一方面的知识，而是将精神文化的客观价值容受于人格心灵的内部，从而形成融合统一的生命；另一方面，教育的最终目的在于唤醒个人的自我意识，使其具有自动追求理想价值的意志，从而完成总体的生命生成。文化教育学派首先竖起了唤醒教育的大旗，重视教育的主体性和人文精神价值，深刻影响了德国乃至整个 20 世纪的教育学，同时得到了其他一些心理学、教育学、哲学流

① 邹进：《现代德国文化教育学》，山西教育出版社 1992 年版，第 4 页。

派的理论支持。综合起来看，文化教育学派首倡的唤醒教育，其要义可以归结为以下三点。

一　教育的核心是对学生人格心灵的唤醒

斯普朗格说："教育绝非单纯的文化传递，教育之为教育，正在它是一个人格心灵的'唤醒'，这是教育的核心所在。"① 也就是说，教育的最终目的不是传授已有的或外在的东西，而是要从人的生命深处唤起沉睡的自我意识、生命意识，把他内在的主动力量诱导出来，将他的生命感、价值感和创造力唤醒，"一直到精神生活运动的根"。而对教育之根和文化之根的寻求，只能通过人的灵魂的唤醒才能实现。斯普朗格进一步指出，客观的文化仅仅作为潜在价值存在，还不产生教育的作用，它要成为教育的过程，必须与具有体验能力的、不断复苏的个人精神相"碰撞"。由此，教育不在于使人获得单纯的知识，而是使人通过对文化价值的摄取，获得人生的全面体验，进而陶冶自己的人格和灵魂，达到灵与肉"全面唤醒"的高度，成为多维的人——全面发展的人。斯普朗格进而指出，教育要适合于每个人自己的本性与境遇，这是人与机器产品质的区别。而只有真正体验了自己内心世界的美、悲、喜、雅、真、崇高等人生感，方能从灵魂的沉睡中觉醒，从而成为一个内心丰富、情趣高尚的人。那么，唤醒如何成为可能？是因为人的内心具有对任何事物要求理解的价值欲求，而人格的内部又潜藏着无尽的价值创造的源泉。教育使学生摄取文化价值并促其消化，即满足人格内部的价值欲求，并培养价值创造的能力，以促进人的生命成长。这样，把客观文化还原到创造的原体验，经由学生的主观化，完全移植于学生的人格内部而与其生命同化。从这个意义上说，教育的目的不是"文化传递"，而是通过这一过程促进个人的成长。由此可见，斯普朗格的"唤醒"思想，主要强调了唤醒教育的本质特征：一是自主性，体现为主体性的人格风貌和对外

---

① 邹进：《现代德国文化教育学》，山西教育出版社1992年版，第73页。

部制约的反抗；二是内发性，表现为生命内在深层次的觉醒与解放；三是建构性，表现为全面地发展自我的思维能力和创造能力，不断发挥自我潜能。

人本主义心理学进一步从心理学角度揭示了人为什么能够被唤醒。一是人有自我实现的需要。人是一种不断需求的动物，人总是在希望着什么，这是贯穿个人整个生命的特点。美国著名心理学家马斯洛据此提出了人的基本需要层次理论，其中，自我实现的需要是人在精神层面的需要，指的是一个人能够成为什么，他就必须成为什么，他必须忠实于自己的本性，否则他始终都无法安静。马斯洛认为，自我实现是人对于自我发挥和自我完成的欲望，也就是一种使人的潜能得以实现的倾向。这种倾向可以说成是一个人越来越成为独特的那个人，成为他所能成为的一切。① 自我实现者具有自主性、清新的鉴赏力、创造性、幽默感与高峰体验。后人本心理学又加上一个"自我超越"层次，即人的灵性（神性）得到深度发掘的层次。马斯洛说："自我实现也许可以大致地被描述为充分利用和开发天资、能力、潜能等。这样的人似乎是在实现他们自己、最淋漓尽致地从事着他们力所能及的工作。这使我们想到尼采的告诫'成为你自己！'他们是一些已经走到或者正在走向自己力所能及的高度的人。"② 而唤醒教育就是充分利用人的这一心理需要，把接受教育的过程和自我实现的需要结合起来。也就是说，教育要能够唤醒受教育者的内部需要，才符合人的天性，并达到事半功倍的效果。唤醒使受教育者潜藏着的内在趋势成为现实可能。二是人有学习的内驱力。内驱力是指由内部或外部刺激所唤起，并使有机体指向实现一定目标的某种内在倾向。在教育中，学习内驱力分为内部唤醒和外部强制两种方式，从表面上看，这两种作用力似乎都能使学生达到某种目标。传统的教育，教师、家

---

① ［美］亚伯拉罕·马斯洛：《动机与人格》，许金声译，中国人民大学出版社 2012 年版，第29 页。

② 同上书，第158 页。

长一贯以失败的威胁（考试排名次，打不及格的分数，身体的惩罚等）造成学生的焦虑，或者以功利的诱惑（上好的学校，找好的工作等）来刺激学生，从而促使他们努力学习。但这种外在的强制手段并不能从根本上解决问题，一旦这些强制力和诱惑力消失，学习的内驱力也就不存在了，不可能上升为持久的动机。其实，人有主动认识世界的欲望，尤其是儿童，他们对不熟悉的事物充满了好奇心，遇事都想问个为什么，由于这种认知内驱力是以求知本身为目标的内驱力，所以是一种"内部动机"。教师在教学中唤醒学生的求知欲和成就感，实质上就是利用学生的认知内驱力，激励学生积极主动地投入学习。马斯洛指出，人有认识和理解的欲望、审美的需要，"他们着迷于神秘的、未知的、杂乱无序的或未得到解释的事物。这些特点似乎正是引人入胜之处，这些领域本身就非常有趣味。相比之下，他们对人所共知的事情则往往感到索然无味"①。这启示我们在教育过程中要充分唤醒、利用学生的学习内驱力，教学未知和富有挑战性的内容，激发学生的主动性与探求精神。人本主义心理学明确反对外部学习，马斯洛说："由外部施加的、非人的学习、人为联想的学习、人为条件作用的学习、人为的意义和反应的学习。在这种学习中最经常发生的不是人自己做出决定，而是由一位教师或实验者做出决定。……在这个意义上，对学习者来说，学习是外部的，对人格来说学习是外部的，在收集联想、条件作用、习惯或活动方式的意义上也是外部的……他们与人的独特的实现或成长几乎毫无关系。"② 只有内部的唤醒，才能引发学生的学习兴趣，而学习兴趣是学习动机中最现实、最经济、最活跃的因素。学生被唤醒得越多，兴趣也就越浓，乃至沉浸其中，乐此不疲。存在主义的代表人物雅斯贝尔斯也主张唤醒学生的潜在力，促使学生从内部产生一种自动的力量，而不是从外

---

① ［美］亚伯拉罕·马斯洛：《动机与人格》，许金声译，中国人民大学出版社 2012年版，第 31 页。

② 杨韶刚：《人本主义心理学与教育》，黑龙江教育出版社 2003 年版，第 144 页。

部施加压力。总之，从人本主义教育的立场来看，教育的主要目标就是帮助学生发展自己的个体性，使他认识到自己是独特的存在，并最终帮助学生实现自己的潜能。人本主义心理学揭示了唤醒教育的心理机制，让我们明白了唤醒何以成为可能。唤醒教育不仅要唤醒人之为人的原初本性，而且要发展人性，利用其内在动力，释放、促进其潜在可能性的实现，以抵达自我实现之途。

二　唤醒是生命体验与文化理解的融合

　　教育归根结底是文化、唤醒、人三者之间的关系，唤醒的实现离不开人的生命体验和人对于文化的理解，而生命体验与文化理解融合的瞬间正是人恍然获得唤醒的时刻。因此可以说，体验与理解是唤醒教育的重要手段。狄尔泰提出"体验"这一范畴，他把世界分为物理世界和精神世界，认为对于精神世界知识的获得只能通过精神活动本身，而完美地理解生命意义的精神活动是通过心灵体验而达到人的心灵相通，进而达到互相理解——我在世界之中，世界也在我之中。体验体现了体验者与其对象不可分割地融合在一起，"对象对主体的意义不在于它（或他）是可以认识的物，而在于在对象上面凝聚了主体的客观化了的生活和精神。对象的重要正在于它（他）对主体有意义，这就使主客体关系化成了'每个个体自己的世界'"①。存在主义教育哲学认为，人的"存在"就是"主观思想者"直接体验和感受着的神秘精神状态。学生当时体验到了什么，他当时就是什么，能够打动他的东西对他才有意义。正如雅斯贝尔斯所说："在学习中，只有被灵魂所接受的东西才会成为精神瑰宝，而其他含混晦暗的东西则根本不能进入灵魂中而被理解。"②而教育的目的，就是让每一位学生找到自己存在的意义，成为他自己，即萨特所说的"自为存

---

　　①　邹进：《现代德国文化教育学》，山西教育出版社 1992 年版，第 29 页。

　　②　［德］雅斯贝尔斯：《什么是教育》，邹进译，生活·读书·新知三联书店 1991 年版，第 5 页。

在"。另一位存在主义代表人物，德国的马丁·布伯认为人与人的关系不是"我—它"或者"主体—客体"的关系，也不是一种独白，而是"我—你"的关系，"主体—主体"的关系，"教育的目的不是告知后人存在什么或必会存在什么，而是晓谕他们如何让精神充盈人生，如何与'你'相遇……"①"爱智慧和寻找精神之根"才是最根本的目标，所以学习和认知是次要的，如果单纯地局限在学习和认知上，即使学习能力再强，那么他的灵魂和人格也是不健全的。教师与学生的关系，师生与文本的关系，也应该是一种"我与你"的关系。语文教育特别是文学作品对于人类学习的最大贡献就在于，它们能够唤醒个人的感受，丰富人的体验。雅斯贝尔斯还认为，"人与人的交往是双方（我与你）的对话和敞亮，这种我与你的关系是人类历史文化的核心。""这种不断超越以求更新的活动可以说是倾听生命律动的行为。"② 从以上论述可以看出，"体验"一词在文化教育学派和存在主义那里，被赋予了一种前所未有的重要性。体验作为一种唤醒的手段，它改变了人类主体与客观对象的关系，使得教育不再是一种由外而内的客观知识的传递，而是被生命之光所照耀的内化过程，是通过体验唤醒生命、丰富生命的过程。

　　对于"理解"，狄尔泰认为，由于人是历史的存在物，而文化与个体在根本上具有同质性、互通性，这就使得文化理解成为可能，以自身的生命体验使主体达到文化理解，在"你"之中发现"我"。生命体验是文化理解的前提，文化理解是生命体验的深化。从这个意义上说，人只能理解他所体验到的东西，反之，只有体验过的东西才能最终被人所理解。教育的使命，是发现二者之间的契合点，以此实现人心灵的觉醒。可见，狄尔泰所讲的理解，并非主体对客体的单向涉入，而是对象作为另一个主体与我对话的过程，这是一个自我揭示的

---

　　① ［德］马丁·布伯：《我与你》，陈维纲译，生活·读书·新知三联书店1986年版，第60—61页。

　　② ［德］雅斯贝尔斯：《什么是教育》，邹进译，生活·读书·新知三联书店1991年版，第2—3页。

过程和文化价值生成的过程。福利特纳指出，任何理解都不可能完全割断自己的历史性和时代性，任何理解都带有主体的思想印痕，不可能决然达到符合原意的客观解释，任何理解都是人从自己的视界出发与原文的视界达到第三种视界——视界融合。① 因此，在文化理解中，意义的寻求带有人自身灵性的烙印，而这正是人创造才华的展露和生命蓬勃的展示。哲学解释学的本体论具有十分浓厚的人本主义色彩，认为理解不是"存在"的一种外在表现形式，它就是"存在"本身的生活方式。它着重于分析、发现隐含在理解中的前提条件，把这一条件归结为人在视界融合中构成的"前理解状态"，认为真实的理解乃是各种不同的主体"视界"相互"融合"的结果。因此，文本的意义并不完全是客观、静态地凝固于文本之中的东西，而是与人的理解不可分的。文本与读者的关系不是文本的"独白"，而是二者的"对话"，只有当文本与人的理解相结合时才会产生意义；离开了人的理解，任何文本都不会有真正的意义。而唤醒的目的，就是让外在的知识对学生来讲具有意义，只有对学生来说有意义的东西，才能被学生真正记住、吸收和消化。解释学就是释放文本中活的东西、自由的东西。解释就是对话，把历史沉留的文本解开，剩下纯粹的、绝对的、单纯的自由之身，在时间这个平台上互相交流，从这个意义上说，理解具有创造性、超越性。解释学的意义同时表明，学习的过程不应该是再现或复现文本独立于理解之外的固定的原意，不应该是对标准答案的死记硬背或者培养完善的复述机器，理解不是外在于自身的东西，而是投入自己的生命体验、唤醒内部心灵的过程。因而对文本的理解，或对人类生活世界的认识或理解，是一个面向未来的无限过程。"唤醒"由教育文化学派首倡，但其核心理念如体验、理解等又得到了存在主义、解释学等众多哲学流派的认同和支持，因此，"唤醒"一词也就由一个普通的词汇进而有了学术的内涵和特质。

---

① 邹进：《现代德国文化教育学》，山西教育出版社 1992 年版，第 178 页。

三　唤醒指向学生精神人格的总体升华与全面建构

　　总体的人的教育生成，是德国文化教育学理论的出发点和归宿。而唤醒的本意，正是将人处于蒙昧昏睡状态之中的灵魂唤醒，使之趋向完美。鲍勒诺夫认为，"唤醒，使主体的人在灵魂震颤的瞬间感受到一种从未体味过的内在敞亮，他因主体性空前张扬而获得一次心灵的解放。这种唤醒深达人的存在本性和无意识深处，使心灵不再在习惯的诱因下沉睡，而是在剧烈的震荡中，荡涤尽情感的自然状态，使纯真的心灵获得更新与复活"①。处于唤醒状态中的学生，"其智慧和心灵都闪烁着不寻常的光亮，他的一切疑惑、一切不安，在经过最初的震荡以后平复下来，化为一种高度的宁静，获得生命的总体升华"②。鲍勒诺夫从生命哲学的角度赋予唤醒以本体论的含义，认为正是唤醒才使一个人真正认识自己和自己所处的世界，认识自己存在的处境、生命的历史和未来的使命，使自己成为一个真正具有自我意识和充满生命希望的人。从这个意义上说，唤醒不是一劳永逸的，而是一个连续不断的过程。唤醒教育与生命的同构性，决定了学生在整个生命历程中需要经历无数次唤醒，而每一次的唤醒，都会带来一个崭新的自己，在永无止息的唤醒中，不断抛弃从前的旧我，从而完成一次又一次生命的更新与成长。建构主义认为，学习是一种"自我建构"，在这个过程中，学生的主体意识始终处于觉醒状态，通过"同化"和"顺应"，学生逐步建构起自己的认知结构，并在"平衡—不平衡—新的平衡"的循环过程中得到不断的丰富、提高与发展。因此，应该激活知识中原有的生命活力和唤醒因素，使之成为一个包含着热情的召唤者，一个活跃的、积极的对话者，使获取知识的过程成为学生在既有经验基础上去主动发展、积极建构的过程。毫无疑问，"唤醒"触及了教育本质论、教育价值论、教育目标论的深层次结

---

①　邹进：《现代德国文化教育学》，山西教育出版社 1992 年版，第 142 页。

②　同上书，第 191 页。

构，它表示教育不是一种单一的知识模式的成型，而是全人的教育，追求"人的总体生成"，是知、情、意的总体唤醒。正如斯普朗格所认为的："教育是以爱为其根的文化传递过程，其终极目的在于通过陶冶，达到人格心灵的全面唤醒。"① 这对于我们当前的教育改革有很大的启示。我国从 2001 年开始的新中国成立后第八次课程改革，其改革目标就是围绕着人的培养目标来设计和确定的，其中三维目标（知识与能力，过程与方法，情感、态度与价值观）的确立，体现了对全人教育的重视，而对情感、态度、价值观的强调，让我们仿佛看到了唤醒教育的影子。

文化教育学深刻影响了 20 世纪的教育学发展，在教育的本质、目的等问题上给人以许多启发，同时，也要看到，文化教育学虽然提出了唤醒、体验、理解等一系列概念和范畴，也有较强的思辨性，但并没有指出教育的唤醒功能如何在实践中实现，这就使其很难在解决现实教育问题上提出有针对性和可操作性的建议。因此，怎样在教学实践特别是语文教学实践中实施唤醒教育？也就成为本书的写作目的与价值之所在。

第二节　中国语文教育的教育唤醒观

中国的语文教育有自己的传统，这种传统甚至在两千多年以前就已达到巅峰，比如孔子所代表的传统。在雅斯贝尔斯的视野里，孔子、老子所处的那个时期是世界的"轴心期"，"人类一直靠轴心期所产生、思考和创造的一切而生存，每一次新的飞跃都回顾这一时期，并被它重燃火焰。自那以后，情况就是这样。轴心期潜力的苏醒和对轴心期潜力的回忆，或曰复兴，总是提供了精神动力"②。几千

① 邹进：《现代德国文化教育学》，山西教育出版社 1992 年版，第 205 页。
② ［德］雅斯贝尔斯：《历史的起源与目标》，魏楚雄、俞新天译，华夏出版社 1989 年版，第 14 页。

年的中国语文教育史就是一部中国文化史、中华民族精神生活史。以汉字为载体的语文教育不仅仅是教化和应对的工具，还承载着更多的民族文化、民族心理、民族思想和民族审美。古代的教育家、思想家如孔子、孟子、荀子、颜之推、王夫之、朱熹等对语文教育曾发表了许多经典言论，而近现代语文教育研究的先驱们，诸如蔡元培、陶行知、胡适、鲁迅、刘半农、黎锦熙、叶圣陶、夏丏尊、朱自清等人，他们的教育思想同样闪耀着历史思索的光彩，他们的教学方法论迸发出科学思辨的火花，不只为现代语文教育找到了出路，而且为培养具有现代思想与适应现代生活的人开辟了生路。那么，掸尽历史封尘，追寻潜藏于血脉之中的民族精魂，从唤醒教育的角度探源历史上那些闪烁着真知灼见的思想，毫无疑问可以为当前课程环境下的语文唤醒教育提供历史的渊源与支撑。我国历史上的教育家，对于语文教育的诸多问题，都已经有过精辟的阐述；我们现在关注与争论的许多问题，表面上是新问题，骨子里却还是老问题，历史上早已有过类似的讨论，而当时发表的许多意见，今天读来，仍不失其启发意义。而且，它们根植于我们民族的传统之中，蕴含着一个民族的教育智慧和秘密。因此，有必要回顾一下我国语文教育史上的教育唤醒观念，这对当前的语文课程改革会产生有益的启示，而在此基础上展开的语文唤醒教育也能得到源头活水的灌溉。

一 依循人之本性，唤醒自觉之心

教育的本质是唤醒，唤醒是评判语文教育价值和有效性的重要标准。我国古代大教育家孔子对于语文教育的本质，早就说过："诗，可以兴，可以观，可以群，可以怨。"[1] 又说："兴于诗，立于礼，成于乐。"[2] 这个"兴"字就是心有所动、令人振奋的意思，也就是说，孔子主张用优美而感性的"诗"，来促使人自我生命意识的觉醒，从

---

[1] 杨伯峻：《论语译注》，中华书局1980年版，第185页。

[2] 同上书，第81页。

而踏上自我建构的生命历程（"立于礼，成于乐"）。这也表明，从心灵中流淌出来的生命之声——诗，是最容易抵达人的本心的，也是最能发挥唤醒教育功能的。明代大儒王守仁认为："其栽培涵养之方，则宜诱之歌诗以发其志意，导之习礼以肃其威仪，讽之读书以开其知觉。"① 这个"发"字，即诱发、激发，与"兴"字异曲同工，都是主张根据儿童的心理特点，用诗歌加以诱发，使其志向意趣觉醒、振奋起来。而王夫之说得更为明确："学，觉也"，对于"所未知者而求觉焉，所未能者而求效焉"，求觉，求效，方能涤除蒙昧，唤醒智慧。又说："教在我，而自得在彼。"② 说明启发学生学习的自觉性很重要，教师教得好，学生并不一定学得好，关键在于"自觉""自得""自悟"。王夫之还认为先天之性，天成之；后天之性，习成之。主张语文教育要触及人之本性，启发自觉之心，也就是要运用丰富的语文教育资源来唤醒学生的内部心灵。

那么，如何依循本性，唤醒自觉之心呢？对此，孔子提出了有名的启发式教学观。他说："不愤不启、不悱不发，举一隅不以三隅反，则不复也。"③ 一方面，要在学生心灵蠢蠢欲动、似醒非醒之际去唤醒他、启发他，这时教师的引导才具有更大的效力。另一方面，程子曰："愤、悱，诚意之见于色辞者也。待其诚至而后告之。既告之，又必待其自得，乃复告尔。"④ 也就是说，学生的心理到不了那个地步，就不要过早地教给他们，如此教了也是白教，教学要以学生的内心需要为凭借。孔子的启发式教学思想影响深远，之后的郑玄、张载继承并发展了孔子的启发式教学思想。郑玄说："孔子与人言，必待其人心愤愤，口悱悱，乃启发为说之，如此则识思之深也""使之悱

---

① 王守仁：《王阳明全集》，线装书局 2012 年版，第 164 页。

② 张隆华、曾仲珊：《中国古代语文教育史》，四川教育出版社 2000 年版，第 395 页。

③ 杨伯峻：《论语译注》，中华书局 1980 年版，第 68 页。

④ （宋）朱熹：《四书章句集注》，金良年今译，上海古籍出版社 2006 年版，第 121 页。

悱愤愤然后启发也",① 主张教师要时时观察学生，并发挥学生的主动性。我国第一部教育专著《学记》指出："故君子之教也，喻也。道而弗牵，强而弗抑，开而弗达。导而弗牵则和，强而弗抑则易，开而弗达则思。和、易以思，可谓善喻也。"② 也就是说，要诱导，不要勉强；要严格要求，不要压制；要通窍，不要阻塞。做到这三点，则师生融洽无间，教学气氛活跃，学生学习自然顺利，无拘无束。《学记》进一步指出："善待问者如撞钟，扣之以小者则小鸣，扣之以大者则大鸣，待其从容，然后尽其声。"③ 生动而形象地点明了教师唤醒的时机和火候，强调在师生的交往对话中达到唤醒教育的目的。同时，《学记》反对无视本性的外部灌输，说："今之教者，呻其占毕，多其讯言，及于数进而不顾其安，使人不由其诚，教人不尽其财，其施之也悖，其求之也佛。"④ 即反对照本宣科，死记硬背，只求进度快，不考虑学生的接受能力、学习志趣和自觉性，也不发挥学生聪明才智的做法，体现了以学生为主体、以教师为主导的教育理念。

现代教育家陶行知也注重启发，他发展了孔子"不愤不启、不悱不发"思想，更进一步地说，"使他不得不愤，使他不得不悱"。⑤ 在解决疑问的过程中，使学生的心灵和智力得以唤醒，发育成长。陶行知所主张的"自动主义"教育思想，与启发教育观一脉相承，都是唤醒学生的主动、自觉之心。陶行知说："生活、工作、学习倘使都能自动，则教育之收效定能事半功倍。所以我们特别注意自动力之培养，使它贯彻于全部的生活工作学习之中。自动是自觉的行动，而不是自发的行动。自发的行动是自然而然的原始行动，可以不学而能。

---

① （汉）郑玄：《论语正义》，（清）刘宝楠注，上海书店1986年版，第139页。

② 杨天宇：《礼记译注》，上海古籍出版社2010年版，第461页。

③ 同上书，第463页。

④ 同上书，第460页。

⑤ 罗明等编：《陶行知文集（修订本）》，江苏教育出版社2001年版，第47页。

自觉的行动，需要适当的培养而后可以实现。"① 蔡元培也说："我们教书，并不是像注水入瓶一样，注满了就算完事。最重要的是引起学生读书的兴味，做教员的，不可一句一句，或一字一字的，都讲给学生听。最好能使学生自己去研究，教员竟不讲也可以，等到学生实在不能用自己的力量了解功课时，才去帮助他……学校教育注重学生健全的人格，故处处要使学生自动。"② 强调以学生为学习主体的新观念和新教法。叶圣陶有一句名言："教是为了达到不需要教。"这句名言高度概括了一切教学的最终目的和基本规律。他说："我想，教任何功课，最终目的都在于达到不需要教。假如学生进入这一境界，能够自己去探索，自己去辨析，自己去历练，从而获得正确的知识和熟练的能力，岂不是就不需要教了吗？……这好比牵着孩子的手教他学走路，却随时准备放手。我想，在这上头，教者可以下好多功夫。"③ 教，是为了唤醒学生学的自觉，解放学生心灵，启发智慧，培养自学能力。这才是教师需要琢磨的问题和需要下的功夫，而不只是把学生当成容器，一厢情愿地死填硬灌。叶圣陶进一步说："儿童既处于特设的境遇里，一切需要，都从内心发出。教师于这个当儿，从旁导引，或竟授予。这个在儿童何等地满足，安慰，当然倾心领受，愿意学习。"④ 这番话尽管很朴实，但却深刻说明了唤醒之于儿童的重要性。语文教学的要义，是使学生在可以引起求知欲的情境中，自生需要，自动学习，并使学习成为生活趣味的一部分。这样，不但可以保护学生的天性，而且还可以不断启发其自觉心。从以上内容可以看出，先哲前贤的言论中尽管没有使用"唤醒"一词，但其旨趣与唤醒教育的要义却往往不谋而合，重新温习，能从中得到不少启发。

---

①　罗明等编：《陶行知文集（修订本）》，江苏教育出版社2001年版，第850页。

②　中国蔡元培研究会编：《蔡元培全集》，浙江教育出版社1997年版，第259页。

③　刘国正编：《叶圣陶教育文集》第2卷，人民教育出版社1994年版，第477页。

④　同上书，第12页。

二　注重人文化成，建构完美人格

《易经》中说："观乎天文，以察时变；观乎人文，以化成天下。"① 主张人文化成，即以人文精神来感化天下人。孔子说："周监于二代，郁郁乎文哉！"② 也体现了注重人文教化、以德治国的思想。《学记》指出教育的目的是培养有德性、有主体价值和自由意志的人，并把对人的培养分为小成阶段和大成阶段，达到"离经辨志""敬业乐群""博习亲师""论学取友"③ 的目标，算是小成；大成是进一步的深造阶段，要做到触类旁通，闻一知十。可见，中国古代语文教育的目的是在人文陶冶中养成完美人格，这与斯普朗格提出的教育人格生成说如出一辙，初步体现了以人为本、注重人文，以生成完善生命为目的的唤醒教育理念。

南北朝时的颜之推认为"夫所以读书学问，本欲开心明目，利于行耳"④，即读书钻研学问是为了启发智慧，开阔视野，以利于修炼品行。他不仅旗帜鲜明地提出读书的目的是修身养性，充实自我，提高能力，而且还将读书作为安身立命的资本，"若能常保数百卷书，千载终不为小人也"⑤。从而有力地批驳了当时的"读书无用论"。颜之推还对照了学习的两种不同目的："为己之学"与"为人之学"。"为己"，即学习是自身的内在需要，所学归自己受用；"为人"，即学习外在于自己的心灵，只为求名取利，装饰门面。因此，学而不得其道，不如不学。学，必须"为己"才行。只有确定了"为己"这个目标，关注学生的生命成长，唤醒学生的真实性灵，使所学与生活融为一体，学生的学习状态才会彻底改变，由被动变为主动，由苦学变为乐学，从而受用无穷。

---

① 黄寿祺、张善文：《周易译注》，上海古籍出版社 2010 年版，第 174 页。
② 杨伯峻：《论语译注》，中华书局 1980 年版，第 28 页。
③ 杨天宇：《礼记译注》，上海古籍出版社 2010 年版，第 457 页。
④ （南北朝）颜之推：《颜氏家训》，时代文艺出版社 2001 年版，第 98 页。
⑤ 同上书，第 91 页。

　　宋代理学是儒家学说的继承和发展，极为重视学生的修身教育。从童蒙时期开始，一直贯彻到中年和老年时期。《大学》有云："自天子以至于庶人，壹是皆以修身为本。"① 张载的《正蒙》一书体现了"蒙以养正"的教育思想，张载认为：教育的目的，在"变化气质"，在于修养德性。理学的集大成者朱熹在教育哲学上的代表性论点即"存天理、灭人欲"，并解释说：清明至善者即为"天理"，混浊不善者即为"人欲"。反映了一种追求理性，塑造完美人格的努力。当然，以"天理"来压制"人欲"，把二者视为水火不相容，则走向了极端，非但不能唤醒、完善人的本性，还被统治者片面利用，带来极大的危害。由此可见，我们中华民族所承继的传统文化，是一种人文主义教育，这种人文主义不同于西方自文艺复兴以来所提倡的人性解放和思想自由的人本主义，而是我国传统文化自身所生成的以培养人的德性为旨归的教化精神，表现为道德理想主义和对君子人格的追求，就像《易经》中所说的："天行健，君子以自强不息"，"地势坤，君子以厚德载物"。因此，古代教化观念的充盈和弥漫，对于构筑古代社会人文生态环境具有重要的涵化和习染作用，对于重建现代教育人文生态、实现自我生命建构的唤醒教育理念也有重要启示，对此我们应批判地继承。

　　语文唤醒教育是建构完美人格的必然要求，如果语文教育本身无法令学生心动，则谈何化育人格？朱自清说："我五年来深感'知的教育'的苦痛，觉得教师若只是贩卖知识，决不能做出好事！平日毫不过问学生的性行，要他用功你所教的一科，那是梦想！便是能对付几回考试，也只是敷衍而已；决不会真地认识该科的目的的！他终于得不着'自己的'知识！"② 可见，如果语文教育不能唤醒学生的心灵，外在的知识终究进入不了学生的头脑，更不能化为学生生长的养料了。著名历史学家钱穆先生曾于 20 世纪 40 年代发表《从整个国家

---

① （宋）朱熹：《四书章句集注》，金良年今译，上海古籍出版社 2006 年版，第 5 页。

② 朱自清：《朱自清全集》第 8 卷，江苏教育出版社 1998 年版，第 392 页。

教育之革新来谈中等教育》一文，认为中等教育应当"以文化教育为手段，以人才教育为目标"，并说："换辞言之，即注重于国家民族传统文化之陶冶。经此一番陶冶而出者，则当期为国家民族所理想要求之人才也。本此旨趣，中学教育之中心课务，实当以本国语言文字之传习为主。""一国之文字，即此国家民族传统文化之记录之宝库也。若使青年能读一部《论语》，读一部《庄子》，读一部《史记》，读一部《陶渊明诗》，彼之所得，有助于其情感之陶冶，意志之锻炼，趣味之提高，胸襟之开广，以至传统文化之认识，与自己人格之养成，种种效益，与上一堂化学听一课矿物所得者殊不同。然不得谓其于教育意义上无裨补。"① 基于这种认识，钱穆反对当时以科学教育为学校教育中心的做法，提倡文化教育，以矫科学教育之弊。这种重视人格养成的思想，与传统教育思想一脉相承，在科学救国、实业救国的言论甚嚣尘上的年代，应该说是振聋发聩的，起到了薪火相传的作用。

三　遵循学科特点，重视经典教育

孔子把六经作为基本教材，既重学文，又重学史；既重礼教，又重乐教；既重陶冶情性，又重启迪智慧，体现了一种培育"全人"的思想。这其实也体现了中国古代语文教育的基本特点，即综合性、整体性和实践性。

综合性是说古代语文教育内容是文史哲的统一体，当时的经书就是学生语文学习的唯一资源。这种经典教育的好处是使中华民族的思维方式、文化精神和审美情趣代代相传，成为民族的集体记忆，中华文明得以延续不绝，民族共同体不断得到巩固，也为今天唤醒教育的实施奠定了教育资源上的深厚基础。整体性是说学习经典的方式主要是对整篇文章或整部著作的阅读，重视熟读精思、感悟积累，提高整体语文素养。现在的语文课程标准提倡读经典，读整本的书，与此是

---

① 钱穆：《文化与教育》，生活·读书·新知三联书店 2009 年版，第 79—81 页。

一脉相承的。实践性是说古代语文教育重视在读写实践中提高学生的语文能力，"熟读唐诗三百首，不会作诗也会吟"，就形象地说明了这个道理。

这种重视语文本体和实践的教育方式，符合汉语言文字的特点和学生心理，逐渐形成了我国语文教育的特色和优势，其唤醒功能和效果毋庸置疑。但在漫长的历史发展过程中，传统语文教育因为过度重视文以载道的教化功能以及书面语与口头语的日益脱离，逐渐走向了保守和封闭，语文教育的唤醒功能大打折扣，甚至成了禁锢人性和创造力的枷锁。"五四"运动以后，科学主义思潮盛行，也影响了语文教育，一时间讲解、分析、训练大行其道，但其后几十年的实践证明，科学主义的方法不是医治语文教育问题的良药。其实狄尔泰早就指出：用对待自然科学的方法来进行文化教育，则未能触及人的精神生活深处，未能展示出教育过程中各方的生活体验，而只是停留在表层，教育研究必须采用精神科学或文化科学的方法。现在看来，我国传统语文教育对于经典的重视和所采用的方法如诵读、体验、积累、感悟、陶冶等，因其符合语文学科特点和学生学习规律，具有强大的唤醒功能，仍然是今天的语文教育应该继承和发扬的。

中国传统文化构筑了中华民族的精神长城，也是滋育现代教育思想的土壤。从先秦到近现代，经过对前人教育思想的梳理，我们得以一窥唤醒教育思想的萌芽与成长。传统教育中启发本性的思想、人文化成的思想、全人发展的思想、重视经典的思想等，都从不同角度映射出唤醒教育迷人的身影，为唤醒教育理念的提出、发展和完善提供了历史依据。同时，也从人类发展史的角度证明了唤醒教育理念具有的本真性、本原性，它是从人这一中心出发来探求教育的真谛，而不是追求浮华世界里的绚丽光芒。

第三节　当前语文课程中的唤醒教育理念

唤醒教育所蕴含的生命性、意义性、建构性与语文课程的性质和特点是紧密相连的。语言文字既是人类文化的载体，又是人类文化的重要组成部分。而汉语是世界上具有悠久历史的语言之一，古代汉语是现代汉语的源头，深邃而优美，更积淀着极其丰富的文化内涵。同时，汉语言文字本身的表意性、形象性、情感性、审美性、诗意性等特点，具有灵性，富有神韵，文化性也特别强。因此，语文作为一种文化的构成和存在，它与人的生活与生命形态有着内在的同构性。可以说，语言是生命之声，是人类文化心理结构的外化，语言的活动往往就是生命的活动，而语文课程实施的过程就是对人的自我意识、文化意识、生命感、价值观进行全面唤醒的过程。

一 唤醒主体意识，构建全人发展的课程价值观

《义务教育语文课程标准（2011 年版）》指出："学生是语文学习的主体"[1]"语文课程必须根据学生身心发展和语文学习的特点，爱护学生的好奇心、求知欲，鼓励自主阅读、自由表达，积极倡导自主、合作、探究的学习方式"[2]。阅读教学"不应以教师的分析来代替学生的阅读实践，不应以模式化的解读来代替学生的体验和思考"[3]，写作教学要求学生"说真话、实话、心里话，不说假话、空话、套话"[4]，鼓励学生自主写作。这些表述，真正把"要我学"变为"我要学"，把外部强加化作主动欲求，充分体现了对学生主体地位的重视。

关注人的成长与发展是课程改革的核心理念，这首先需要确立学生的主体地位。因此，语文课程应致力于唤醒学生的主体意识，以人为本，以使每一个人能成为受自己意识支配的、具有独立精神的真人，使每一个人的个体精神都能得到自由的发展。斯普朗格所说的

---

① 中华人民共和国教育部：《义务教育语文课程标准（2011 年版）》，北京师范大学出版社 2012 年版，第 19 页。

② 同上书，第 3 页。

③ 同上书，第 22 页。

④ 同上书，第 23 页。

"一直到精神生活之根"，就是要使每一位学生的潜能得到最大限度的开发，将他作为人的本质的创造精神引发出来，使其得以成为自主自觉、全面发展的人。这是教育所追求的最高目标，也是唤醒教育的最终目的。国际 21 世纪教育质量委员会向联合国教科文组织提交的《教育——财富蕴藏其中》的报告中写道："教育应当促进每个人的全面发展，即身心、智力、敏感性、审美意识、个人责任感、精神价值等方面的发展。应该使每个人尤其借助于青年时代所受的教育，能够形成一种独立自主的、富有批判精神的思想意识，以及培养自己的判断能力，以便由他自己确定在人生的各种不同的情况下他认为应该做的事情。"① 这也体现了以人为本，培养具有主体意识与价值观念的"全人"的教育思想。

　　钱理群教授认为，中小学语文教育是为人打"精神的底子"的，打好终生学习的底子与终生精神发展的底子，以保证每个人的一生可持续发展。而"全人"发展则是我国语文教育的优良传统，我国传统语文教学内容的综合性、完整性、实践性等特点，其本质就在于人的完整性建构。20 世纪以来，一度盛行的灌输教育往往把学生当成装载知识的容器，作为"标准件"加工制作，以备社会某一职位和角色之需，这就忽视了学生的主体性和人格完善，造成了人的片面与畸形发展。唤醒教育则挣脱了灌输教育的知识论樊篱，着眼于学生主体的心灵世界和精神生活，关注有关生命成长、精神发展、人格完善等价值领域的问题，由"工具理性"转到"价值理性"②，致力于人的完整性建构，为当前的语文教育教学打开了一扇理论与实践的窗口。叶圣陶说："请老师们时刻想到，学生跟种子一个样，有自己的生命力，老师能做到的，只是供给他们适当的条件和照料，让他们自己成长。如果把他们当作工业原料，按照规定的工艺流程，硬要把他

---

　　① 联合国教科文组织总部中文科：《教育——财富蕴藏其中》，教育科学出版社 1996 年版，第 85 页。

　　② 刘再复、刘剑梅：《教育论语》，福建教育出版社 2012 年版，第 1 页。

们制造成一色一样的成品，那是肯定要失败的。"① 这就要求在语文教育中必须尊重学生的独立性和主体性，尊重人的成长规律。因此，要在语文教学过程中唤醒学生的主体意识，着眼于受教育者整体素质的提高，树立培养全人观念，促进人的全面性、整体性发展。

二　唤醒文化意识，构建工具与人文相融合的课程文化观

《基础教育课程改革纲要》指出："改变课程过于注重知识传授的倾向，强调形成积极主动的学习态度，使获得基础知识与基本技能的过程同时成为学会学习和形成正确价值观的过程。"② 强调了课程要从单纯重知识传递转变为引导学生学会学习、学会生存与做人的过程。据此，提出"三个维度"（包括知识和能力，过程和方法，情感、态度和价值观）的综合多维目标与要求，体现了工具与人文相融合的课程文化特性。斯普朗格批判"教育是知识获得过程"的说法，把教育当成是通过"摄取吸收文化价值，体验陶冶多维的人，促进生命个体总体生成"的文化过程。可见，唤醒教育第一次将教育、文化、人三者联系起来，融为一体，将教育看成是一个文化建构、人生完成的永恒过程，注重教育对人的价值和意义的提升，体现出侧重人文教育的倾向。人的综合素质的提高，不应当全部依赖于外在的说教与灌输，而应当通过人的文化意识觉醒而产生自觉的文化追求来实现的。

《义务教育语文课程标准（2011 年版）》明确指出："义务教育阶段的语文课程，应使学生初步学会运用祖国语言文字进行交流沟通，吸收古今中外优秀文化，提高思想文化修养，促进自身精神成长。"③ 这样就把工具性与人文性统一起来。当前语文教育研究者认

---

① 叶至善：《父亲的希望》，中国青年出版社 2000 年版，第 69 页。

② 钟启泉、崔允漷、张华：《为了中华民族的复兴，为了每位学生的发展：〈基础教育课程改革纲要（试行）解读〉》，华东师范大学出版社 2001 年版，第 4 页。

③ 中华人民共和国教育部：《义务教育语文课程标准（2011 年版）》，北京师范大学出版社 2012 年版，第 2 页。

为，工具性与人文性是语文学科的"形式"与"实质"。人文性即语文的文化内涵，即文化性。汉语文的文化特性决定了语文课程不存在单纯的工具性，工具中蕴含着人文，而人文通过工具来体现。语文负载着文化，传承着文化，是一种文化的构成与存在。首先，汉语言文字除了作为中国文化的记录工具之外，其本身也承载着丰富的文化信息。汉字的词源意义，往往包含了我国古人的传统文化观念。比如："囱""蔥""窗""聰"四字同源，前三者都有"中空"的特点，由此我们可以知道古人对聪明的认识，就是内心对外界感受通达。同时，"聰"与"灵"为同义词，而"灵""棂"同源，因此，"灵"的词源意义也是通达。"聰"着重与自然、社会相通，智慧来源于地下；"灵"着重与鬼神相通，智慧来源于天上。通过对"聰""灵"词源的考察，可以证实我国古人衡量智愚的标准。[①] 可见，语言文字本身就是一种文化的构成，一个汉字就是一个形象与意义的世界，一个汉字就是一个情感与审美的空间，每一个汉字都是一首诗，它承载着中华民族几千年光辉灿烂的文化。其次，从汉语言文字构成的作品来看，凡是经典作品，都是优秀文化的结晶，都是一种文化的构成和存在。经典就是文化，经典所代表的是人类和民族文化的精粹与高峰。所有的经典，都具有思想、文化与语言文字相统一的特点。最后，民族语言积淀着民族的思考方式、民族文化、民族传统和民族精神，汉民族语言是汉民族的存在方式，体现了汉民族文化的精神与闪光点。因此，语文教学应该向文化转向，唤醒教育者与受教育者的文化意识，从文化的角度来把握文学作品，共同分析与阐释文本丰富的文化内涵。20 世纪以来，我国课程的重科学主义、轻人文精神所造成的弊端在语文教育中日益显露，许多急功近利的做法已经使语文成为学生厌倦的一门学科。因此，在语文教育中唤醒文化意识，提倡工具与人文整合的课程文化观，具有重大的时代意义。

---

① 张岱年、方克立：《中国文化概论（修订版）》，北京师范大学出版社 2004 年版，第 119 页。

三　唤醒生活意识，构建回归生活的课程生态观

《义务教育语文课程标准（2011年版）》指出："语文课程是实践性课程，应着重培养学生的语文实践能力，而培养这种能力的主要途径也应是语文实践。语文课程是学生学习运用祖国语言文字的课程，学习资源和实践机会无处不在，无时不有。因而，应该让学生多读多写，日积月累，在大量的语文实践中体会、把握运用语文的规律。"① 多读多写，注重实践，在生活中学语文，应该是语文学习的根本路径。语文课程提倡要在语文课和学生的语文生活之间建立联系，培养学生的语文兴趣和应用能力。冯友兰说："书籍者，纸片上之学问也。纸片上之学问，不过先王之刍狗，古人之牙慧耳，吾所谓老套者也。"② 又说："居今之世，若欲为大科学家、大文学家，断非读教科书，古文，时文，所能达到目的也，必深察宇宙之现象，熟究社会之情形，一草一木，一颦一笑，皆当视如考试之问题，作文之材料，而不轻放过焉。"③ 可见，一味死读书，把学生旺盛的生命力全部消耗在"一猫一狗式之教科书"（辜鸿铭语）④ 上，并不能培养学生的思维能力，只有在生活实践中，从语用的角度来学习，语文教育资源才能转化为学生真正有用的实际语文能力。也就是说，只有当语文知识与学生的生活体验、成长需要建立起联系时，才是具有价值和意义的，是"有用"的，而"知识有用才有力量"（金岳霖语）。因此，语文学习应该让学生体验到知识的"有用"，以及运用知识所带来的"力量"，从而使语文学习成为沟通知识与生活的桥梁，成为学生唤醒并验证自身力量的过程。

课程呼唤生活世界的回归，因为只有感性的、生动的、丰富的生

---

① 中华人民共和国教育部：《义务教育语文课程标准（2011年版）》，北京师范大学出版社2012年版，第3页。

② 冯友兰：《冯友兰论教育》，人民出版社2010年版，第7页。

③ 同上。

④ 王丽：《名家谈语文学习》，华东师范大学出版社2007年版，第5页。

活世界，才能满足人在理智、情感、意志等多方面发展的基本需要。生活世界唤醒了人之为"人"所应具备的生命意识。有学者指出："科学世界是我们进修理性的'营地'，我们建在异乡的家园；生活世界是我们故乡的家园，我们最根本意义上的'家'，我们生命的根。"① 真正的教育在于人性的复归，在于生命的觉醒，在于灵魂的召唤。回归生活的课程生态观，意味着学校课程突破学科疆域的束缚，向自然回归、向生活回归、向社会回归、向人自身回归。德国现象学美学大师胡塞尔针对科学时代人生意义迷失的危机，在晚年提出了"生活世界"理论，他主张："只有将生活世界作为人的价值的存在基础，那一度失落的人的意义才能重新复归。②"人总是有着一种生命的创造冲动，教育应该呵护、关怀、唤醒并张扬人的这种生命冲动意识，使之能够在已有的现实规定中奋发而起，大胆地去追寻自我，张扬生命意识，实现自我充分、自由地发展。

后现代课程观给我们的启示是：语文学习是一种动态发展的过程，应该是开放的、灵活的、模糊而不确定的。这种类似于生命系统的动态过程要求"回归性反思"，即"通过与环境、与他人、与文化的反思性相互作用形成自我感"③，它体现了人类的自觉性，生命感、创造力由此而生。语文教育的工具是语言，使用的主要材料是文学作品。语言并不是一个冷冰冰的无生命的抽象物，文学作品也不是一具待解剖的尸体，它们都饱含着文化的智慧和生命的热力。维特根斯坦说：想象一种语言，就是想象一种生活方式。海德格尔说：语言是存在的家园，语言对存在来说，是一种光。人生活在语言之中，失去了语言就失去了存在的时间和空间。另一方面，语言正走在"通向完成的途中"④，企图对人类自身永恒追寻与超越的生存状态进行照亮和

---

① 项贤明：《泛教育论》，南京师范大学，博士学位论文，1997 年，第 94 页。

② 王岳川：《现象学与解释文论》，山东教育出版社 1999 年版，第 33 页。

③ [美] 小威廉姆·E. 多尔：《后现代课程观》，王红宇译，教育科学出版社 2000 年版，第 253 页。

④ 赵奎英：《混沌的秩序》，花城出版社 2003 年版，第 60 页。

凸显。由此可见，语言和文学独具的文化、审美特征使得语文课程本身具有丰富的动态生成性和多元开放性，语文教学不能刻意追求知识的系统和完整，要打破学科界限，提倡开放性、灵活性的学习方式，让学生在生活实践中感悟自身与世界的存在，获得情感与生命的体验，提升精神境界，实现自我超越，达到生命与人性的全面觉醒。

四 唤醒参与意识，倡导自主建构的课程学习观

唤醒参与意识就是要唤醒学生主动参与课堂教学活动的自觉愿望。这一方面意味着教师要"目中有人"，另一方面意味着学生心灵的解放。唤醒学生的课堂参与意识，体现了课程环境下新型的师生关系。语文课程改革的落脚点就在于创建充满生机与活力的课堂生活。美国学者梅里尔·哈明指出，鼓舞人心的课堂辉映着学生最健康、最富有成效的五种品质：尊严、活力、自我管理、集体感和意识。① 在这样的课堂里，学习不再是一种异己的外在控制力量，而是一种发自内在的精神解放运动——学生心灵得到解放，参与意识得到唤醒，学习的主动性、创造性被激发出来。唤醒参与意识，就是要使课堂教学过程成为唤醒学生心灵的过程，成为贯穿学生生命体验的过程，成为解放学生内部力量的过程，变以往那种他主性、被动性的学习为内在的自主性、能动性、创造性不断被唤醒、生成、张扬和提升的过程。这种唤醒了学生参与意识的课堂，是师生展开平等对话的平台，是意义生成的重要场所，也是激发学生生命成长、促进学生进行自主建构性学习的广阔空间。

对于语文教学来说，因其丰富的情感性与跃动的生命化特征，往往极易激发学生平等参与课堂的情绪，唤醒学生深度参与课堂的自觉意识与愿望。因此，课程环境下的语文教育，要重视激发学生的参与意识，解放学生的心灵，给学生以自我展示的舞台，把课堂的空间、

---

① ［美］梅里尔·哈明：《教学的革命》，罗德荣译，宇航出版社 2002 年版，第 4—5 页。

时间还给学生，把质疑、释疑的权利还给学生，不是用教师一厢情愿的讲解分析来代替学生的阅读体验，而是让学生平等参与、自主建构属于自己的意义世界，要"鼓励学生选择适合自己的学习方式"①。那么，如何唤醒学生的自觉参与意识呢？这就需要教师致力于提高语文课堂的文化品位，使语文课堂成为一个充满诗意的"唤醒场"。教师要俯下身来，关注学生所关注的，力争上出让学生难忘的课，让课堂焕发出生命的活力。于漪的涌动生命的课堂，就是师生间平等对话的一种生命活动，充满了激情与智慧，充满了情感的交流和心灵的碰撞，充满了创造的精神。在她的课堂上，师生完全释放心灵，几乎达到了随心所欲不逾矩的境界。因此，唤醒学生参与意识的课堂教学的展开过程，就是师生的创造性冲动不断被激发的过程，是内在心灵觉醒、生命意义生成、自我建构完成的过程，是师生在交往的过程中不断进行生命碰撞、灵魂沟通、精神交融的过程。在这样的语文课堂上，师生之间真诚的对话伴随着双方内心世界的敞开，是对对方真诚的倾诉和接纳，在相互平等对话的过程中实现精神的相遇、生命的唤醒与融合，而这，正是语文课堂教学所要追求的理想境界。

---

① 中华人民共和国教育部：《义务教育语文课程标准（2011 年版）》，北京师范大学出版社 2012 年版，第 19 页。

第三章

语文唤醒教育的价值追求与基本特点

第一节 语文唤醒教育的价值追求

自从 21 世纪之初的课程改革以来，语文教育从理念到实践，都有了很大改观，特别是《义务教育语文课程标准（2011 年版）》的颁布，进一步纠正了当前语文教育的种种流弊，为理想的语文教育教学指明了方向。但是，如何在实践中贯彻落实新课标提出的教育理念，迫切需要我们从唤醒教育的视角来深入思考，确立符合新课标精神的以唤醒学生内在心灵为价值取向的语文教育价值追求，发掘学生真实性灵，注重学生内心独特体验，满足学生自身生命成长的需要。

一 唤醒自觉意识，回归本真自我

中国传统教育是一种士大夫教育，所谓"学而优则仕"，很多学子都把教育当成求取功名利禄的"为人"之学，或钻入古书不能自拔，成为活书橱。叶圣陶对此有过尖锐的批判，他认为传统教育由两大支柱支撑：一是"古典主义"，二是"利禄主义"。以这两种主义为代表的旧式教育，"可以养成记诵很广博的'活书橱'，可以养成学舌很巧妙的'人形鹦鹉'，可以养成或大或小的官吏及靠教读为生的'儒学生员'；可是不能养成善于运用国文这一种工具来应付生活的普通公民"[①]。20 世纪科学技术飞速发展，社会分工日益细化，教

---

① 刘国正编：《叶圣陶教育文集》第 3 卷，人民教育出版社 1994 年版，第 92 页。

育也深受工业生产模式影响，批量制造各行各业的人才，但人在机器面前失去了自由，个人性灵遭受压抑，甚至产生了马克思所说的"异化"。而目前的教育，更是承担了不应由它来承担的过多的社会压力。这些压力通过考试、升学的途径，全部加到了学生、家长、教师、校长的身上。很多教师和家长，都把阶段性的分数作为评价孩子是否成功的唯一标准。由此导致在语文教学中，一切瞄准考试，学生入学伊始，就被"不要输在起跑线上"的意识所控制，大搞提前量，不让读闲书，把精力和热情都消耗在去学、记一些与心灵无关的知识上，结果扼杀了学生的天性，消磨了他们的活力与学习兴趣，使他们学得痛苦不堪。这样做的结果是使语文教育成为一种外在于学生心灵的功利性存在，学习不是为自己，而是为功利需要和外部价值观所役，致使教学也沦为一种外在的、与己无关的活动。在这样的语文教育环境下，学生很难产生自觉意识，也很难发现本真自我。正如卡夫卡所说：我所受的教育力图将我塑造成另一个人，而不是我自己！

这种状况是如何形成的呢？钱理群教授指出，很多中国人发现自己都不会用自己的眼睛看世界，不会说自己的话，更不会用自己的脑子思考了。我们的听、读教育，就是要让大量的所谓有用的知识、无用的知识垃圾充塞孩子的头脑，把孩子已有的与可待开发的创造的思维能力挤压殆尽，变成一只装满知识教条的书橱。① 王富仁也说："当前语文教育最大的弊病就是脱离了学生的自我需要，脱离了他自己内心真实的感受、理解和情感，造成学生自己真正想说的话找不到语言来表达，不想说的他却能说得出来，甚至可能说得头头是道，但往往是空话、套话、假话。这样一来，语言就不是作为负载自己真实的思想的载体，而成了蒙蔽自己、覆盖自己的一层帷幕，把真实的自己挡在里头，使别人看到的不是自己。"② 对此，鲁迅早就有所论述，他在《论睁了眼看》中一针见血地指出："中国人向来因为不敢正视

① 钱理群：《语文教育门外谈》，广西师范大学出版社2003年版，第122页。
② 王富仁：《语文教学与文学》，广东教育出版社2006年版，第84页。

人生，只好瞒和骗，由此也生出瞒和骗的文艺来，由这文艺，更令中国人更深地陷入瞒和骗的大泽中，甚而至于已经自己不觉得。"① 目前，学生对语文教育的不满和抗拒，最根本的原因来自内心价值观的冲突，现实社会客观存在的假恶丑、成人世界中的"瞒和骗"、教育目标的功利化、教育评价标准的简单化……这种种负面因素和学生从书本上所接受的东西产生反差和冲突，并在某种程度上遮蔽了学生的心灵，束缚了学生的思想。这样如何能够培养出和谐、健康发展的人来呢？

古代一些有智慧的知识分子早就认识到了这一点，主张"为己之学"，为提高自己而学，重视自身的修养；反对"为人之学""为人"终至于丧己，斥责教育的过分功利化。叶圣陶把语文看作是发展儿童心灵的学科，他说："欲求成功的教师，当从为儿童特设的境遇里，发展儿童的心灵，务使他们情绪丰富，思想绵密，能这么做，才是探源的办法。"② 语文教育应当使受教育者一辈子受用，而要使学生受用，必须唤醒学生的心灵，不是读几本教科书，做数套练习题就算了事。朱永新教授认为，教育最重要的任务，是塑造美好的人性，培养美好的人格，使学生拥有美好的人生。但这里的塑造并不是把对象当成无生命、无情感的客观外物，而是建立在透彻了解人的原初本性的基础之上，在语文教育中唤醒人的自觉，培养真正的人。正如卢梭所言："孩子的头脑之有可塑性，是因为那些能够为他所理解和对他有用处的观念，这些观念关系到他的幸福和日后指导他履行其天职，早已以不可磨灭的印象记在他心中，使他一生当中能按照适合于他的天性和才能的方式过他的生活。"③ 只有在教育中唤醒受教育者的天性，使语文教学内容与受教育者的内在心灵产生关系，语文学习对学生来说才具有意义。因此，判断教育有无价值，价值是大是小，有一个重

---

① 鲁迅：《鲁迅全集》第1卷，人民文学出版社2005年版，第254—255页。

② 刘国正编：《叶圣陶教育文集》，人民教育出版社1994年版，第12页。

③ ［法］卢梭：《爱弥儿——论教育》上卷，李平沤译，人民教育出版社2001年版，第126页。

要标准，那就是：教育要能够与受教育者的内在心灵有关，能够唤醒学生，让学生成为自觉的人。如果受教育者无法有意识地在"所学"与"自我"之间建立联系，那么教育活动就只能是一种游离于"自我"之外的客观存在。因此，应该重视"性向教育"，也就是依照自己个性的趋向，就个人所爱好的，加以培养教育。爱因斯坦曾告诫道："我们一定要注意，切不可把理智奉为我们的上帝；它固然有强有力的身躯，但却没有人性。它不能领导，而只能服务；而且它挑选它的领导人是马马虎虎的。……理智对于方法和工具有敏锐的眼光，但对于目的和价值却是盲目的。"① 忽视自己的本性和需要，为外在的功利化目标而学习，久而久之，学生就会迷失自我，越来越难以唤醒。立足人的本性，唤醒学生的自觉意识，使学生知道"我是谁"，让学生做一个真人，这才是教育的首要价值所在。

二　唤醒生命意识，寻求存在意义

所谓生命意识，就是为了满足生命存在和发展的需要，依据自身的潜能，加上后天的教化而形成的对于外在世界和自我具有认知、理解、建构和创造能力的潜在灵智和欲求。生命意识只是人的一种潜在的因素，有待于教育的唤醒。而科学主义追求效率，为了在较短时间内实现知识的大量传递，只能采取生硬灌输的手段，忽视人的本性与个体差异，为了外部的需要，把人当成机器部件来制造。功利化的追求使教育长期处在"无人"状态，无视生命的存在，制造出了一大批缺乏主体性、生命感和创造力的知识容器。这种情况蔓延到语文教育中，就表现为不顾学生主体体验的填鸭式教学，教师很容易将教参上的现成答案或者自己对文本的理解强加给学生，使美文鉴赏成为冷冰冰的技术分析，甚至沦为考试技巧的应对。学生只能背答案、抄答案、记答案，学习完全异化为外在于学生心灵的东西，学生失去了思

---

① ［美］爱因斯坦：《爱因斯坦文集》第 3 卷，许良英、李宝恒、赵中立、范岱年编译，商务印书馆 2010 年版，第 224 页。

考能力，变成了任人摆布的木偶；题海战术则败坏了学生学习的胃口，使学生一听见考试就头疼。由是，学生习惯于被安排，缺乏独立思考，不知道自己究竟喜欢什么，究竟该干什么，哪怕到了大学阶段，在如何对待自己、规划人生方面仍然处于一种被动状态，甚至终生不会有独立的思想与真实的情感，这是很可悲的。语文唤醒教育从保护学生的天性出发，以体验作为教学的手段，关注学生的内心体验，让学生自主发展。杜威说：教育即生长，在生长之外别无目的。这就是说，衡量教育成败的标准应是受教育者天性和能力的健康成长，通过唤醒，使学生学会思考，从而成为一个能把握自己命运的，能够过一种自动地拥有智慧生活的人。王尚文教授曾经深情地说："站在 21 世纪的曙光里，我们呼唤语文教学的感性回归，就是呼唤语文教学回到本位上来：回到感性的言语形式上来，回到学生的语感上来。基于这个意义，我们说语文教学的明天不是走向一个新世界，而是回到一个一直被我们错失了的'新'世界。"① 科学主义的语文教育，培养的是循规蹈矩的标准化、规范化的人，顺从的人，他们一无思想，二无个人的创造力、情感力与想象力，不过是能干的奴隶与有用的工具而已。朱自清说："机械地得着知识，又机械地运用知识的人，人格上没有深厚的根基，只随着机会和环境的支使的人，他们的人生的理想是很模糊的，他们的努力是盲目的。"② 人往往很晚才能了解自己的能力和限制，如果在语文教育中注重唤醒，在早年开发了他种种的心力，在往后的生活中，他就能尽享这些心力所带来的一切益处，享受生活、创造生活。

　　爱因斯坦在有关教育的论述中，曾特别提到两个概念：一是"天赋的好奇心"，即主动探究未知事物的强烈兴趣，以及在这探究中所获得的喜悦和满足感；一是"内在的自由"，既不受权力和社会偏见的限制，也不受未经审察的常规和习惯的羁绊，而能进行独立的思

---

① 　王尚文：《语文教学对话论》，浙江教育出版社 2004 年版，第 76 页。

② 　朱自清：《朱自清语文教学经验》，教育科学出版社 2007 年版，第 182 页。

考。这两个方面都源自人的真实性灵，因此都能够促进人的主动发展。不受约束、不停地感受世界的新奇是人的天性。然而，在教育过程中，好奇心很容易被扼杀和磨灭掉，一是被习惯力量，二是被功利心。因此，学校教育的主要使命就是提供一个自由的环境，对两者都予以鼓励，最低限度是不扼杀它们。爱因斯坦说："做同样的工作，它的出发点，可以是恐怖和强制，可以是追求威信和荣誉的好胜心，也可以是对于对象的诚挚的兴趣和追求真理与理解的愿望，因而也可以是每个健康儿童都具有的天赋的好奇心，只不过这种好奇心往往很早就衰退了。同样一件工作的完成，对于学生所产生的教育影响可以很不相同，这要看推动这项工作的主因究竟是怕受到损害的恐惧，是自私的欲望，还是对快乐和满足的追求。"[1] 语文唤醒教育就是要唤醒学生内在的对于快乐与满足的追求，使他们认识到自我生命存在的意义，培养独立的思考力和鲜明的辨别力，成为一个和谐发展的人。在希腊文中，"学校"一词的意思就是闲暇。学生必须有充裕的时间来体验和沉思，才能自由地主动发展其心智和能力。萧伯纳曾感叹说，全世界的书架上摆满了精神的美味佳肴，可是学生们却被迫去啃那些毫无营养的乏味的教科书！怀特海也说过，忘记了课堂上所学的一切，剩下的才是教育。那就是完全渗透入你的身心的原理，一种智力活动的习惯，一种充满学问和想象力的生活方式。[2] 用爱因斯坦的话说，就是独立思考和判断的总体能力。说到底，一切教育都是自我教育，一切学习都是学生的主动自学，而精神的生长更是如此。因此，作为学生，要善于做一个能够按照自己的兴趣安排学习计划的自我教育者。

---

① ［美］爱因斯坦：《爱因斯坦文集》第 3 卷，许良英、李宝恒、赵中立、范岱年编译，商务印书馆 2010 年版，第 171 页。

② 周国平：《周国平论教育》，华东师范大学出版社 2009 年版，第 6 页。

三　唤醒审美意识，享受悠游境界

我国自古以来就有"诗教"传统，孔子认为："不学诗，无以言。"① "诗，可以兴，可以观，可以群，可以怨。迩之事父，远之事君；多识于鸟兽草木之名。"② 当然，孔子所说的"诗"，当时是专指《诗经》而言。现在我们理解的"诗教"，是以诗性文学作品为内容而进行的审美教育，其内涵和外延都已扩大了。林语堂曾指出："中国的诗在中国代替了宗教的任务，盖宗教的意义为人类性灵的发抒，为宇宙的微妙与美的感觉，为对于人类与生物的仁爱与悲悯。宗教无非是一种灵感，或活跃的情愫。……中国人却在诗里头寻获了这灵感与活跃的情愫。"③ 诗教代表了中国人一种人生观和价值追求。中国人追求的人生至高境界，常常是审美的、诗意的、天人合一的。可见，诗歌在多数中国人心目中，具有宗教一样的力量，比如"乘风破浪会有时，直挂云帆济沧海""问君能有几多愁，恰似一江春水向东流"，无论顺境逆境，我们总可以从那些文质兼美的文学作品中得到鼓励和安慰。孔子所说的"游于艺""成于乐"乃至"从心所欲不逾矩"等，就是表达了一种人格上的审美完成，这种完成意味着现实地达到了实现自由的人生境界，而这种境界是充满了快乐的。孔子曾多次讲到这种快乐：

学而时习之，不亦说乎？有朋自远方来，不亦乐乎？④

饭蔬食饮水，曲肱而枕之，乐亦在其中矣。不义而富且贵，于我如浮云。⑤

叶公问孔子于子路，子路不对。子曰："女奚不曰，其为人

---

① 杨伯峻：《论语译注》，中华书局1980年版，第178页。
② 同上书，第185页。
③ 林语堂：《吾国与吾民·林语堂文集》，群言出版社2010年版，第218页。
④ 杨伯峻：《论语译注》，中华书局1980年版，第1页。
⑤ 同上书，第70—71页。

也，发愤忘食，乐以忘忧，不知老之将至云尔。"①

　　莫春者，春服既成，冠者五六人，童子六七人，浴乎沂，风乎舞雩，咏而归。②

　　这样一种自由快乐的悠游境界，既是对外部世界现实性的自在把握，又是内部人性与心灵自由的审美完成，其中融化、蕴含了人的智慧与德行，是孔子所主张的"仁"的最高层次，从内在的审美人格上体现了人性的自觉。因此，在语文教育中重视诗教，既是孔子等大教育家的提倡，也是人们在实践中总结出来的语文教育的有效方式。如果现在要一个人回忆中小学阶段所记得的课文，能记起的恐怕大部分是那些耳熟能详的诗词；到某一个景点或处于某个情境，心有所感，脑中首先浮现出的，恐怕也是课文中表达类似感触的语句。因为这些文学作品及其中的优美语句，早已像种子一样埋入我们的心田，一旦有合适的情境，就会被唤醒，发芽。明代王守仁说过这样一段话：

　　今人往往以歌诗、习礼为不切时务，此皆末俗庸鄙之见，乌足以知古人立教之意哉？大抵童子之情，乐嬉游而惮拘检，如草木之始萌芽，舒畅之则条达，摧挠之则衰萎。今教童子必使其趋向鼓舞，中心喜悦，则其进自不能已。譬之时雨春风，沾被卉木，莫不萌动发越，自然日长月化。若冰霜剥落，则生意萧索，日就枯槁矣。故凡诱之歌诗者，非但发其志意而已，亦所以泄其跳号呼啸于咏歌，宣其幽抑结滞于音节也。③

　　这段话很形象地说出了诗教对儿童的唤醒作用。语文教育天然具有审美教育、情感教育、心灵教育等作用，这是其他学科所不及的。

---

① 杨伯峻：《论语译注》，中华书局1980年版，第71页。
② 同上书，第119页。
③ 王守仁：《王阳明全集》，线装书局2012年版，第164—165页。

语文课程不但能增进学生对现实世界的理解，更重要的是，它能通过语言文字和文学作品的学习，在学生头脑中构建起一个诗意的审美世界，使学生在其中悠游，得到精神的滋养、生活的趣味、审美的熏陶。如此，学生就会进入"乐学"的境界，悠游涵泳，唤起内心深处最深刻而真切的愉悦，实现人文化成的目的。

　　笔者发现一个引人深思的现象：许多受过私塾教育的人，当他们回顾自己的语文学习经历时，私塾教育形式非但没有让他们厌倦，反倒让他们津津乐道。或许当年的私塾教育，经历了岁月冲蚀、风霜染洗，当时的凄清与苦闷已在记忆中消融净尽，沉淀下来的却是青灯有味、书卷多情的缱绻意境了。谢冕曾深情地回忆自己小时候学习语文，余钟藩先生用闽方言古音吟诵《论语》的《侍坐章》的情形："那迂缓的节奏，那悠长的韵味，那难以言说的高贵的情调，再加上余先生沉醉其中的状态，都成了我生命记忆中的一道抹之不去的风景。尽管有余先生细致的讲解，当年只有十五六岁的我，仍然无法理解当时年届七十的孔子喟然而叹的深意，却依稀感到了他落寞之中的洒脱。当年听讲《侍坐章》的印象，就这样伴着我走过人生的长途，滋养着我的灵魂，磨砺着我的性情。"[1] 中国传统的语文教育，更提倡学生的自读、自学，教师只是适时点拨一二，更多时候是和学生一起诵读，但却给学生埋下了旺盛的精神的种子，终生受用。因为那些背诵、研习过的优秀古诗文，早已融化到他们的心灵和血液之中。

　　本来，语文课本中人文的、感性的、审美的内容，都应该能够通过解读在学生个性化的阅读中唤起灵性和兴味，但在考试的指挥棒下，语文的审美性被赶出了课堂，教学内容以题目的形式出现，甚至课外阅读也被考试所绑架与束缚，使学生学习语文的兴趣顿失。美文鉴赏变成冷冰冰的技术性分析和考试技巧应对。甚至对诗歌也照此办理，使学生一看到古诗词就条件反射地想它用了什么修辞手法，反映了作者怎样的思想感情，推敲某个词语的微言大义，失去了审美诵读

---

① 王丽：《名家谈语文学习》，华东师范大学出版社 2007 年版，第 137—138 页。

和涵泳品味的功夫，简直就是解读的暴力。因此，语文教育的当务之急就是通过文本的唤醒式解读，重新唤起学生对语文的兴趣，通过唤醒语言文字的生命活力，激发学生的审美意识。

如何才能使文本解读发挥出唤醒学生学习兴趣和审美意识的功用呢？孙绍振认为，一方面，文本本身具有某种封闭性，它由三个层次组成：第一个层次是表层的意象群落，是显性的，一望而知的，也是肤浅的。如果语文教学徘徊在这一层次，那么，就很难唤起学生的兴趣。第二个层次是意象中渗透着的潜在情志，即意脉层（情感脉络层），这是文本的精神之所在。情感的脉络都以"变"和"动"为特点，故有"动情""动心""感动""触动"之说。而这些"变"和"动"，就是语文教学中的"唤醒点"，教师引导学生找到并抓住这些"唤醒点"，教学就能触动学生的心灵。第三个层次是文学形式层，即文本的艺术形式与风格特点，这个层次有着更为深邃的内涵，是最为隐秘的，一般人往往感而不觉，属于学生的未知领域，因此这也是语文教师应该努力探寻的方向。① 另一方面，读者的阅读心理也具有一定的封闭性。所谓仁者见仁，智者见智，所秉各异，所见各偏，就是这个道理。正如皮亚杰的发生认识论原理所揭示的：外来信息刺激，只有与内在准备状态，即"图式"相一致，被同化，才会有反应，被接受。仁者的预期是仁，就不能看到智，智者的预期是智，就不能看到仁。这一认识，使得语文唤醒教育成为可能。读者的心理并不是永远封闭的，而是随着生活阅历、生命体验的丰富，处于变化当中，是渐次开放的，否则，教育就没有了存在的理由。

语文教育的重要价值，就是唤醒学生的心灵，使之由封闭走向开放，当然，这并不能一蹴而就。而教师与文本，恰恰为学生心灵的开放提供了一个可能的契机。"语词并不是抽象的概念，而是唤醒读者感觉和经验，进行对话和交流的符号。如果光把语言当作硬邦邦的工具，就没有办法完成唤醒读者经验的任务，也就无法让读者的想象参

_____

① 钱理群、孙绍振、王富仁：《解读语文》，福建人民出版社 2010 年版，第 6—7 页。

与创造，难以让读者受到感染。"① 因此，在语言和情感之间横亘着一条曲折而又复杂的道路。语言符号，并不直接指称事物，而是唤醒有关事物的感知经验。文本解读，就是通过语言文字唤醒学生的感知经验和生命体验，使文本和学生心灵同时得以圆满和实现。可以说，语文教育的过程就是文本和学生心灵的双重突围，在这个犹如探险的过程中，学生的情感与审美意识得以唤醒；而这个充满魅力的语文学习过程，能使学生体味到语文的真趣味，产生欲罢不能的探究冲动。

四　唤醒创造意识，实现自我超越

创造意识指在创造活动体验、经验和创造认识基础上形成的对创造的高度敏感性和自觉、自发进行创造活动的一种心理准备状态。语文唤醒教育的终极目的是唤醒学生的创造意识，使学生不断超越自我。学生被唤醒之时往往也是自我更新、自我超越之时。秀之树在《长风做伴从书行——夜读〈美学散步〉有感》中，以优美的文字描绘了自己在阅读宗白华的《美学散步》时心灵被唤醒的情形：

先生温暖的手牵引着我徜徉在美的意境的咏叹与顾盼间，于不曾预期中碰触到了美的灵魂所向，久已梗塞胸臆内的许多杂思乱想莫可名状的心绪霎时鲜活，腾跃，以我未敢奢望的姿势和如此接近的距离。

原来那美的精神一直就在，就存在于我自身之内，数年地等待着，等待着被唤醒，等待着与我相识的那一刻……

竟有喜极而泣之感，犹若跨出数年焦躁沉浮的心境与少年时单纯宁静的自己迎面而立，含笑相视，心头一片清朗。②

---

① 孙绍振：《名作细读——微观分析个案研究（修订版）》，上海教育出版社 2009 年版，第 187 页。

② 秀之树：《长风做伴从书行——夜读〈美学散步〉有感》，《现代艺术》2007 年第 2 期。

　　人被唤醒后，仿佛登上了一个台阶，感觉整个世界、周围的人都是新鲜的，都不再是从前的世界、从前的人。觉醒的人感觉终于找到了为之奋斗的目标，并为这个目标兴奋不已，且浑身充满了勇往直前的力量与生命的活力。被唤醒的人感觉自己不再是从前的自己，感觉到生命存在的价值和意义，恍觉今是而昨非，并为发现了真实的自己而欢愉。同时，自我超越的人从某种程度上来说是孤独的，但他同时感觉自己的方向越来越明确，愿意吸取所有能够吸取的养料，以求上得更高、走得更远。处于自我超越状态中的学生，其智慧和心灵都闪烁着不寻常的光亮，他由被动接受变为主动寻求，在平静的愉悦中获得一种生命的升华。

　　语文教材中的创造性因素俯拾即是，那些流传千古的经典名作以及富有时代特色的美文，无不闪烁着创造性思维的光芒，蕴含着作文、做人、处事的智慧，不但有利于学生认识自然、社会，而且有利于认识自我、发展自我、超越自我。比如，庄子对他所要求的人格理想曾有过这样的描述：

　　　　藐姑射之山，有神人居焉，肌肤若冰雪，绰约若处子，不食五谷，吸风饮露；乘云气，御飞龙，而游乎四海之外……①

　　这种超越世俗、超然物外、与道冥同的人格理想，体现了庄子既肯定自然存在，又要求精神超越，李泽厚认为，"庄子追求的是一种超越的感性，他将超越的存在寄存在自然感性中，所以说是本体的、积淀的感性"。"这个'最高'的人生理想或人生态度就既可以有历时性的顺序，如后世所谓'功成身退''五十致仕'之类，在人际功业、道德完成之后来追求或实现这种超脱；也可以是共时性的同步，即在劳碌奔波、救世济民之际，仍然保持一种超脱精神。并且，正因为有这种超功利超生死的所谓出世精神或态度，就使自己的救世济民

①　陈鼓应：《庄子今注今译》，中华书局1983年版，第21页。

活动可以获得更强大的精神支撑；因为有了这种与自然同一与万物共朽的超世的心理支撑，也就不需要任何外在的旨意或命令……"① 这也就是冯友兰所谓的"天地境界"。可见，语文教材中的课文，尤其是文学作品，其丰富性、形象性、多义性本身就是对学生想象力和创造力的召唤，是灵魂的冒险。写作教学同样要求学生要有创造性思维和创新性表达，把自己真实的感受、体验、情感、思想等用富有个性化的语言表达出来，这对学生来说无异于创造的实践。

叶圣陶说："一棵树，一棵草，它那发荣滋长的可能性，在一粒种子的时候早已具备了。"② 教育所要做的，只不过是唤醒它，使之"发荣滋长"。不堪教育的学生大多不是天生顽劣愚笨，而是教育的错失。如果一个人在早年已经开发了他的自动的、智慧的生活，那么，他就能够尽早了解，一经了解之后，这种了解力便成为一种推进力，使其能够成就种种事业。觉醒者所具有的慧心，似乎充满了远见和预言，在它的高峰上，可以看到全幅的过去与将来连在一起的人生景观。因此，教师教学，不是教过就完事了，还要考虑教育的价值，保护学生的天性，满足学生的需要。如果语文教学不能唤醒学生的心灵，所有的教学活动就只是徒具形式而已，失却了教育的精神和价值，只是专务形式的教育。教师只有认清教育的价值追求，才能使学生感觉到语文与自己有关，与生命相连，从而确立自主学习的意识；而教师本身也因为价值的确立而享受到更大的成就感和幸福感。

第二节　语文唤醒教育的基本特点

《义务教育语文课程标准（2011 年版）》在"正确把握语文教育的特点"部分指出："语文课程丰富的人文内涵对学生精神世界的影响是广泛而深刻的，学生对语文材料的感受和理解又往往是多元的。

---

① 李泽厚：《美学三书》，安徽文艺出版社 1999 年版，第 301 页。

② 刘国正编：《叶圣陶教育文集》第 2 卷，人民教育出版社 1994 年版，第 7 页。

因此，应该重视语文课程对学生思想情感所起的熏陶感染作用，注意课程内容的价值取向，同时也要尊重学生在语文学习过程中的独特体验。"① 语文不同于其他学科，它是对学生的精神领域起作用，优秀的作品能够浸染学生的性情，提升学生的人格。同时，这种影响又是隐性的、长期的、潜移默化的，不是立竿见影的，因此，不能采用急功近利的方式，仅仅是外在的技能训练难以让学生领悟到语文丰富的人文内涵。这是由语文学科的本质和语文教育的特点所决定的。

唤醒作为语文教育追求的终极目标，它既是一种有着深广内涵的教育理念，也是一种符合学生心理发展规律和语文学科特点的教育方法。我们可以从不同的角度，概括出语文唤醒教育的一些基本特点，进一步加深对语文唤醒教育的认识。

一　内发性

一提到"唤醒"，很容易令人想起柏拉图所提出的"学习即回忆"的教育命题。柏拉图认为，人在出生前已经掌握了有关事物的知识，只是在人的灵魂与肉体结合而成为人的时候，由于受到来自现象世界②的干扰，个人所掌握的知识被遗忘殆尽。在他看来，教育的任务并不在于从外部向学习者传授知识，而在于引导学习者能够回忆起这些已被遗忘的知识。③ 当然，这是一种唯心主义的观点，人类在出生前是否全知全能尚未可知。但是，有一点却很值得我们深思，那就是，柏拉图指出了教育是一种由内而外的活动，而不是相反。而唤醒教育的基本主张便是立足于此，即教育在本质上是一种由内而外的唤醒过程。也就是说，教育的最终目的是要求教师选择合适的资源，运

---

① 中华人民共和国教育部：《义务教育语文课程标准（2011 年版）》，北京师范大学出版社 2012 年版，第 2—3 页。

② 柏拉图将世界划分为现象世界和理念世界，认为相对于理念世界的完善、真实、永恒而言，现象世界是暂时的、虚幻的、不完善的。并且提出，只有那些代表普遍永恒真理的共相性的知识才具有真实性，也才具有学习的价值。

③ 柏拉图提出的"学习即回忆"思想，开启了内发论与外铄论之间的持续争论。

用其中的唤醒因子来触动学生的心灵，使之产生共鸣，激发他内在的自觉力量，诱导其本心去积极主动地进行学习。这样才能使外在的知识以鲜活的姿态内化为学生的精神养料，进而促使学生人格心灵逐步成长。

卢梭说："出自造物主之手的东西，都是好的，而一到了人的手里，就全变坏了。"① 他主张给儿童以充分的自由，实施一种"消极教育"，就是在儿童的教育中，成人不干预、不灌输、不压制，让儿童遵循自然，率性发展。如此，教师在教育中的中心位置让位于儿童的自主发展，儿童的发展即成为一种自主、自由、主动的发展。"如果你在他思考之际抬出某些权威来，那么他以后再也不会思考了，以后他只会像羽毛球一样，在别人的意见之间被打来打去了。"② 因此，一切教育都可以归结为自我教育。柏拉图说："因为一个自由人是不应该被迫地进行任何学习的。因为，身体上的被迫劳累对身体无害，但，被迫进行的学习却是不能在心灵上生根的。因此，我的朋友，请不要强迫孩子们学习，要用做游戏的方法。你可以在游戏中更好地了解到他们每个人的天性。"③ 孩子天生就有学习的兴趣与热情，比如学语言、学走路，每个孩子都乐此不疲，成人也有足够的耐心去教孩子，也知道不能代替孩子去做这些。但为什么一到学科教育的问题上，教育者就容易忘记人类的本性呢？跟儿童接触久的人会知道，想要儿童去做一件他不愿意做的事情，是多么难！因为儿童总是感性的、无拘无束的，任何的理想训导和规则演说，对他们来说都是毫无意义的。

那么，教师在教育中就不起任何作用了吗？当然不是。因为"一个人要是单凭自己来进行思考，而得不到别人的思想和经验的激发，

---

① ［法］卢梭：《爱弥儿——论教育》上卷，李平沤译，人民教育出版社 2001 年版，第 1 页。

② ［古希腊］柏拉图等：《教育的艺术》，曹晚红、吴大伟等编译，汕头大学出版社 2009 年版，第 51 页。

③ ［古希腊］柏拉图：《理想国》，郭斌和、张竹明译，商务印书馆 1986 年版，第 304—305 页。

那么即使在最好的情况下，他所想的也不会有什么价值，一定是单调无味的"。① 教师在教育过程当中担任了桥梁的作用：一方面，教师适时唤起学生内在的学习欲望与热情，满足学生探求未知世界的内部需要，为个体发展与生成提供更多的可能性；另一方面，教师毕竟闻道在先，他可以通过自己的努力挖掘出语文教学内容的唤醒因子。因为语文课程的唤醒属性不是分布在一望而知的语言文字表面的，认识了常用汉字，并不代表就能读懂文章的精妙之处；学习了语文知识，也不一定就能转化成能力和智慧。正如李泽厚所说："文学形象既不是外界事物的直接模拟，也不是主观情感的任意发泄，更不是只诉诸概念的理性认识；相反，它成为非概念所能穷尽，非认识所能囊括（'言有尽而意无穷'），具有情感感染力量的艺术形象和文学语言。王夫之说：'小雅鹤鸣之诗，全用比体，不道破一句。'（《姜斋诗话》）所谓'不道破一句'，一直是中国美学重要标准之一。"② 语文蕴含丰富的文化属性使其具备这种"非概念所能穷尽，非认识所能囊括"的艺术审美特征，决定了其教学方式也不宜采用概念化、教条化的理性阐释与分析，而应该采取内在情感唤醒方式，这也是语文与其他学科不同之处。也就是说，语文课程的唤醒性是内发的，它隐藏在语言文字的背后，等待师生的共同发掘。教师的作用就在于引导学生穿透语言文字的表层，走进语文内隐的堂奥之地。在教学中，教师要找到"知识"与学生心灵之间的契合点，使外在的"这一点"触动学生的内在心灵。正如瑞士心理学家皮亚杰所指出的："认识既不能看作是在主体内部结构中预先决定了的——它们起因于有效的和不断的建构；也不能看作是在客体的预先存在着的特性中预先决定了的，因为客体只是通过这些内部结构的中介作用才被认识的。"③ 只有在

---

① ［美］爱因斯坦：《爱因斯坦文集》第 3 卷，许良英、李宝恒、赵中立、范岱年编译，商务印书馆 2010 年版，第 351 页。

② 李泽厚：《美学三书》，安徽文艺出版社 1999 年版，第 62—63 页。

③ ［瑞士］皮亚杰：《发生认识论原理》，王宪钿译，商务印书馆 1981 年版，第16 页。

教学内容的唤醒因子与学生心灵发生碰撞的瞬间，唤醒教育才能得以实现。"这一点"就成为"唤醒点"，对被唤醒的学生具有了特别的意义。这就要求教师一方面要引导学生捕捉、揭示教学内容中所蕴藏的"唤醒点"；另一方面，要深入揣摩学生的心理，针对不同的学生，选用不同的教学内容，提出不同的层级要求。从这个意义上说，语文唤醒教育，就是掀开被语言表象和流俗观点所遮蔽的内在意蕴，让学生以一颗初心去拥抱文本，体味经典的思想之真与文字之美，使其在学习的过程中发现所学内容之于自身的价值与意义、建构起一个符合自己本性的内在世界，并努力追随、完善这个世界，从而使个体生命得到最充分、最丰盈的扩张与生成，最终进入自由自觉之境。从实际来看，语文教学的资源无处不在，无时不有，但到现在还有一些"潜在的资源"没有得到重视，"特别是人的资源因素和在课程实施过程中生成的资源因素"①。其实这些因素的存在正印证了语文唤醒教育的内发性，必须引起语文教育者和研究者的充分重视。

二　体验性

　　体验性是语文唤醒教育的另一个重要特性。《现代汉语词典》对"体验"的解释为：通过实践来认识周围的事物；亲身经历。体验一词的德文为 erlebnis，英文为 experience，都有"经验""感受""经历"的意思。中国古代把"体验"一词分开解释为"以身体之，以心验之"②。可以说是比较准确地概括出了其内涵：其一，体验是实践的，它与生命、生活共生；其二，体验是内在的，属于个体的心灵感受。从认识论的角度看，"体验"是一种认识世界的方式。一般说

　　①　中华人民共和国教育部：《义务教育语文课程标准（2011年版）》，北京师范大学出版社 2012 年版，第 34 页。

　　②　宋代理学大家朱熹在《朱子读书法》中说："入道之门，是将自身入那道理中去渐渐相亲，与己为一。而今人之道理在这里，自家在外面，原不曾相干涉。学者读书，需要将圣贤言语，体之于身。"即读书当体之于身，切身体察，要用切身的体会去读所有的书；验之于心，物我交融，最后达到同化境界。

来，对世界的认知方式有三种，即体验认知、科学认知和哲学认知。体验认知是对世界的最原始、最直接的认知方式，它与另外两种认知方式最大的区别在于认知的主客体相互融合。这种认知方式着重从经历的过程中发现对象的意义和价值，从而得到一种对生活、生命的感发和体悟。正是从这个意义上，狄尔泰说，"体验乃是历史世界的基本细胞"，是从"生命本身去认识生命"①。体验发生的方式主要是通过移情、融合、反思，在天人合一、物我两忘的过程中实现对世界和自我的认知。它具有直接性、内在性、情感性、意义性、个体性、审美性等特征。这样看来，体验是人文学科的基本特点，也是语文学习的重要方式。

语文学习与数理化等学科的学习有一个重大区别，即后者学习的内容主要是人类积累的客观知识，学习的方式主要靠理性思维，而语文学习的内容很大一部分是通过体验来生成，学习方式更多依靠感性和形象思维。语文教材中存在的大量文学作品，它们作为一种精神产品，其中包含了作者深刻的生命体验，而读者要真正理解，必须要调动起自己的体验。正如狄尔泰所说，"对于精神世界的知识的获取只能通过精神活动自身"。"实质上，完美地理解生命意义的精神活动是通过心灵体验而达到人的心灵相通，进而达到互相理解。"② 可见，体验是语文学习的必经之途。通过体验，语文教学内容所凝聚的唤醒价值才能得以彰显。狄尔泰最初使用体验这个概念时，又把体验称为"内在经验"（die innere Erfahrung）或"内觉"（das Innewerden），③从这个意义上说，体验是使语文教育从外部走向内部、从被动走向主动的重要方式，体验是学生心灵的内在觉醒。就语文教育来说，文本对学生的意义不在于它是可以认识的客观外物，而在于文本中凝聚了

---

① 谢地坤：《走向精神科学之路——狄尔泰哲学思想研究》，江苏人民出版社 2008 年版，第 66—67 页。

② 邹进：《现代德国文化教育学》，山西教育出版社 1992 年版，第 175 页。

③ 谢地坤：《走向精神科学之路——狄尔泰哲学思想研究》，江苏人民出版社 2008 年版，第 67 页。

作者客观化了的生活、情感与精神。"对象的重要正在于它（他）对主体有意义，这就使主客体关系化成了'每个个体自己的世界'"①，是一种"我与你"的关系。对学生来说，由于自身体验的局限性，从而造成个体认知的封闭性，文本所蕴含的精神内涵并不是一次就可以领悟的，但随着自己人生阅历的增长与内心体验的丰富，过去读不懂的，回过头来重读，就会懂了；从前以为懂了的，重读的时候会有一种新的领悟。这种特点展现了经典作品的魅力，就在于常读常新。同时，学生学习课本中积蓄的古人和今人的经验固然重要，但更重要的在于体验、理解，进而消化那些经验，使之成为自身经验的一部分，从而丰富自己的心灵世界。

语文唤醒教育致力于使教学内容融入学生的生活体验和生活世界，通过主客观的同化、顺应、提升，逐步建构起学生的内在世界，塑造完整自我，并形成与社会、自然的和谐关系。伽达默尔说："如果某个东西不仅被经历过，而且他的经历存在还获得了一种使自身具有继续存在意义的特征，那么，这个东西就属于体验。以这种方式成为体验的东西，在艺术表现里就获得了一种新的存在状况。"② 这种在实践中获得的"继续存在的意义"，也就是说，在生命中留下的深切印记，是体验的价值和意义所在。语文唤醒教育的作用，就在于找到这种生命与生活的意义。这种意义越多，人的精神世界越丰富，人的生命越有活力，这是语文唤醒教育的价值所在。叶圣陶说："如果单靠翻查字典，就得不到什么深切的语感。唯有从生活方面去体验，把生活所得的一点一点积聚起来，积聚得越多，了解就越深切。"也就是说，人只能理解与吸收他所体验到的东西，也只有体验过的东西才能被更好地理解和吸收；越是渗透了个人体验的东西越容易被理解和吸收，而与体验没有关系的知识，对个体来说是没有意义的、无生

---

① 邹进：《现代德国文化教育学》，山西教育出版社 1992 年版，第 29 页。

② ［德］伽达默尔：《真理与方法》上卷，洪汉鼎译，上海译文出版社 1999 年版，第 78 页。

命的东西，因而无法在生命中留下印记，无法进入人格内部，收到化育之效。因此，语文教育的一个秘诀就是唤起学生生活中的种种体验。于漪说："哪怕是极普通的一个词，极明白的一点描写，只要与生活联系起来，领悟就大不相同。"[1] 陶行知提出的"教学做合一"，也是强调要在"做"（即"体验"）中学，不经过体验的东西，永远无法进入学生的心灵，被学生所吸收、消化。可见，体验既是语文唤醒教育的特点，也是学习语文的重要方式。欲求与生命相关的教育，必离不开体验；离开了体验，学生所获得的所谓知识只能是外在于心灵的，当功利性的目的实现以后，这些知识就会随风而散。就像叶圣陶所说的："教学不能不从课本入手，可是决不能限于课本里的语言文字，课本里的语言文字原是实际的反映，必须通过它而触及实际的本身。要是学生头脑里有这么一种印象，课本是一回事，实际又是一回事，彼此连不到一块儿，那就是教学上的大失败。"[2]

　　体验不仅使人获得生活与生命的丰富，而且，也是人自我实现的一种需要。自我实现的人，其特点是悦纳自己，有过高峰体验，能发挥潜能，保持创造意识。这种高峰体验来源于人的高层次需要的满足。这些需要是什么呢？苏霍姆林斯基说："在人的心灵深处，都有一种根深蒂固的需要，这就是希望感到自己是一个发现者、研究者、探索者。"[3] 这何尝不是一个自我实现者的需要！而这些需要，都可以通过语文唤醒教育使学生得到满足。一个被唤醒的学生，必然是一个发现者、研究者和探索者。语文唤醒教育中的体验除了具有实践性，还具有审美性和个体化特征。《义务教育语文课程标准（2011 年版）》在教学建议中指出："阅读是运用语言文字获取信息、认识世界、发展思维、获得审美体验的重要途径"，"要珍视学生独特的感

---

①　于漪：《语文教学谈艺录（修订本）》，上海教育出版社 2012 年版，第 113 页。

②　刘国正编：《叶圣陶教育文集》第 2 卷，人民教育出版社 1994 年版，第 439 页。

③　［苏］苏霍姆林斯基：《给教师的建议》，杜殿坤译，教育科学出版社 1984 年版，第 58 页。

受、体验和理解"，① 语文教学中的体验，既是审美的，又是独特的，这些体验之所以要"珍视"，是因为它们是学生高峰体验的重要组成部分，能让人切实体会到发现、研究、探索的快乐。

三　陶冶性

陶冶的字面义是烧制陶器，冶炼技术，比喻义为给人的思想、性格等以有益的影响，通过陶冶，达到"育"（"养子使作善也"）的目的，以"止于至善"。本书借用"陶冶"来表明语文唤醒教育的过程性特点。对于"陶冶"，中西方哲学家、教育家分别有过深入的阐述。《汉书》有云："命者天之令也，性者生之质也，情者人之欲也。或夭或寿，或仁或鄙，陶冶而成之，不能粹美。"② 颜师古注曰："陶以喻造瓦，冶以喻铸金也。言天之生人有似于此也。"③ 说明了陶冶是建立在人的本性基础上的，人性不同，这就需要通过陶冶使之向善。王安石进一步说："所谓陶冶而成之者何也？亦教之、养之、取之、任之有其道而已。"④ 认为陶冶就是教养有方，取任有道。颜之推说："至于陶冶性灵，从容讽谏，入其滋味，亦乐事也。"⑤ 杜甫《解闷》诗之七："陶冶性灵存底物？新诗改罢自长吟。"⑥ 表明作诗吟诗，体味文章妙趣，乃是陶冶性情的赏心乐事。清代唐孙华在《夏日斋中读书》诗之五中也说："陶冶发性灵，金玉出顽矿。"⑦ 认为人的性灵需要陶冶，就像金矿需要冶炼一样。

西方文化对陶冶的有些认识与中国古代的认识不谋而合，但带有

---

① 中华人民共和国教育部：《义务教育语文课程标准（2011 年版）》，北京师范大学出版社 2012 年版，第 22 页。

② （汉）班固：《汉书》，（唐）颜师古注，中华书局 1997 年版，第 638 页。

③ 同上。

④ 曲德来：《唐宋八大家散文广选·新注·集评》王安石卷，辽宁人民出版社 1999 年版，第 158 页。

⑤ （南北朝）颜之推：《颜氏家训》，时代文艺出版社 2001 年版，第 130 页。

⑥ 萧涤非：《杜甫诗选注》，人民文学出版社 1979 年版，第 281 页。

⑦ （清）唐孙华：《东江诗钞》，上海古籍出版社 1979 年版，第 206 页。

更多的思辨色彩。德国 18 世纪哲学家赫尔德认为，陶冶是"人性臻达完满"的必要中介形式。而在洪堡看来，陶冶与教化相比，更具有深广的哲学意味，更富有人格心灵的深层感。黑格尔则认为陶冶即生成人的一种高尚品性，陶冶着重于心灵的自我唤醒和能力的不断形成，使人不断节制本能需求，从而禀有一种普遍的而不再是沉湎于盲目冲动的个别性。伽达默尔认为，陶冶是一种生命意识的塑造，是人在感觉中扬弃自己的个别性，从而与他者相融会，以达到某种普遍的共有的感觉，这是一个没有止境的过程。德国文化教育学派的李特认为，陶冶的主要任务，是谋求"内在形式"和"外在世界"的和谐统一。"内在形式"指人的存在、精神、个性以及人之为人的一切；"外在世界"则是指人们所处的客观环境，包括学校、家庭、社会、团体等。① 李特的陶冶论将学生看作是一个活生生的生命体，要求教育者充分调动学生的主体能动性，使其面对文化时激活想象力、直观能力、体验能力和感悟力，去感受、理解、把握文化的内在价值，不仅把文化所包含的丰富的历史创造内容复现出来，而且将自己的人格气质、生命意识投射进去，对原来的文化加以开拓、补充和再创，使教育不仅仅是知识获取的过程，而且成为知情意等心理因素完全激活并参与其中的总体生命活动。只有这样，教育才不再仅仅是知识的阶梯，而成为灵魂唤醒和人格陶冶的中介形式。② 陶冶思想也是雅斯贝尔斯教育思想的重要组成部分，他在《什么是教育》一书中系统介绍了以存在主义哲学为理论基础的陶冶思想，他说："单纯的知识只是达到某种目标的手段，人们可以运用这些知识，但它们对于人而言，是外在的财富。而陶冶的知识却能够改变人、帮助人成为他自己。"③ 所谓"陶冶的知识"，就是能够唤醒学生、化育学生，能够养成学生完美人格的知识。语文的文化特性和唤醒功能，为语文教育在

---

① 邹进：《现代德国文化教育学》，山西教育出版社 1992 年版，第 97 页。

② 同上书，第 188 页。

③ ［德］雅斯贝尔斯：《什么是教育》，邹进译，生活·读书·新知三联书店 1991 年版，第 104 页。

本质上成为一个潜移默化的文化陶冶过程提供了可能性。如何使这种可能性变为现实，就需要语文教师的教育智慧：一方面，使语文教育内容以及教学方法的唤醒功能显露出来，另一方面，深切体察学生的内在心灵，然后，努力寻找二者之间的契合点。

从这些论述可以看出，在教育中，陶冶就是涵养人性，洗练人的性情与人格，建构人的情感与精神世界的过程。语文唤醒教育的实施离不开陶冶，可以说，在文化陶冶的过程中，人被优秀文化所同化，才能逐步觉醒。陶冶性作为语文唤醒教育的一个基本特点，它强调的是使学生在潜移默化的过程中受到优秀文化的熏陶感染，因为"语文课程丰富的人文内涵对学生精神世界的影响是广泛而深刻的，学生对语文材料的感受和理解又往往是多元的"①，所以，陶冶既是目的，也是方法。陶冶的目的是养成完美人格，它不同于"成品"的塑造。二者的区别在于，陶冶是内部心灵的唤醒与涵养，塑造是外部急功近利的加工与生产；陶冶是弃恶扬善，完美人性，塑造是为了满足外部的需要，是对人性的压制。李特以诗意的语言描述了陶冶的境界："犹如人们从无底的存在深渊之不可言状的迷惑中挣脱出来，而达到广阔的平原上，心胸顿时开朗，感到宇宙万物、天地人生都在我的胸中，和我的心灵产生共鸣，形成一种水乳交融、天人合一的关系。这时，人的内心获得了极大的愉悦，而达到了真正的存在把握。"② 在他看来，这种内心愉悦的生活才是完满的生活。我们发现，受到陶冶的人，会蓦然感到从沉睡中醒过来，他的身上洋溢着一种新的人性的光辉，他挣脱了小我的钳制，明澈地感到天地万物与我同在；他丢掉了个体的原始私欲，而升华到一种人类的普遍性之中。作为一种方法，陶冶要求教师一要学会选择，二要善于创造情境。陶冶，就是要陶之冶之，既要保护学生的天性，还要发展、完善它，"曾益其所不

---

① 中华人民共和国教育部：《义务教育语文课程标准（2011 年版）》，北京师范大学出版社 2012 年版，第 2 页。

② 邹进：《现代德国文化教育学》，山西教育出版社 1992 年版，第 98 页。

能"。这要求语文教师在教学中通过发挥主动性和对教学内容的深入研究，把文学文本转为教育文本，选取精华，剔除糟粕，用历史视野和现代眼光做出正确解读和选择。再者，要善于创造有利于陶冶的情境，即建构"陶冶场"，营造生命语文和诗性语文的氛围，寓教于乐，寓教于美，使学生在不知不觉中进入语文学习的美妙境界。

四　建构性

语文唤醒教育的建构性特点是指语文学习本质上是以学生的学习为中心的意义建构过程。建构主义认为，知识不是通过教师传授得到，而是学习者在一定的情境即社会文化背景下，借助其他人（包括教师和学习伙伴）的帮助，利用必要的学习资料，通过意义建构的方式而获得。建构主义思想的先驱皮亚杰指出，知识既不是客观的东西，也不是主观的东西，而是个体在与环境交互作用过程中逐渐建构的结果。皮亚杰认为儿童与环境的相互作用涉及两个基本过程："同化"与"顺应"。同化是指把外部环境中的有关信息吸收进来并结合到儿童已有的认知结构（也称"图式"）中；顺应是指个体的认知结构因外部刺激的影响而发生改变的过程。可见，同化是认知结构数量的扩充（图式扩充），而顺应则是认知结构性质的改变（图式改变）。儿童的认知结构就是通过同化与顺应过程逐步建构起来，并在"平衡—不平衡—新的平衡"的循环中得到不断的丰富、提高和发展。

皮亚杰的理论准确描述了语文唤醒教育的建构性特点。学生学习语文之前，头脑中并不是一片空白，而是已经具有自己的生活体验和认知结构了，这是语文教学真正的起点。语文教师只有从这个起点出发，才能找到学生的"最近发展区"，以合作者的身份促进学生主动进行建构，这样的教学才能真正有效。学生对文本的阅读、体验，对意义的理解、建构，是任何人都无法替代的。并且，学生的理解只能由其个人基于自己的经验背景而建构起来，所以，一千个读者就会有一千个哈姆雷特。需要注意的是，学生的认知结构和心理图式并不是完全开放的，有可能是封闭或半封闭状态，需要教师的引导、唤醒才能打破这种封闭性，并不断走向新的平衡。正如雅斯贝尔斯所说：
"教育的原则，是通过现存世界的全部文化导向人的灵魂觉醒之本源
和根基，而不是导向由原初派生出来的东西和平庸的知识。"① 语文
学习的过程，就是不断地唤醒、打开个人生活中所谓不可能的领域。
通过人与文本的交往（阅读），人与他人的交往（交流），人与自我
的交往（思考）来创建、扩充个体的可能性。从这个意义上说，人
只能在教育中才能实现自我的觉醒和精神的超越。语文教育的这种唤
醒与超越功能，显示出语文唤醒教育的永无止境性。

　　语文唤醒教育的实现是双向的意义建构过程：既是对新信息的意
义建构，又是对原有经验的改造和重组，是由外而内与由内而外的结
合。正如狄尔泰论述关于精神科学认知特点的时候所说，人不仅生活
在一个物理世界中，而且更生活在自己赋予了意义的自己的世界中。
如果说，自然科学所关注的是"物理世界这个大本文"，是由主体到
客体的单向把握（由内向外），那么精神科学则"返身走向自我认识
（Selbstbesinnung），这是一条由外向内的理解之路"，是由主体到客
体，又由客体到主体的双向把握。② 而语文唤醒教育的实现，也是一
个双向的意义建构过程：一方面，唤醒学生的内部心灵，使其以一种
自动建构的心态投入语文学习；另一方面，发掘语文课程的唤醒资
源，使语文教学内容以一种鲜活的姿态呈现。而学生与文本两方相遇
的契机，是意义的呈露、生成与建构，在双方相遇的瞬间，语文唤醒
教育得以最终实现。如此看来，语文唤醒教育是一个学生心灵与文本
世界双向运动的意义建构过程。不可忽视的是，由于生活经历、阅读
经验以及知识积累的不足，学生的心理图式一般具有某种程度的封闭
性，在意义建构过程中不可避免地遇到一些困难和麻烦，这就需要语
文教师通过创造有利于唤醒的情境、挖掘教学内容的唤醒因素以及使

---

　　① ［德］雅斯贝尔斯：《什么是教育》，邹进译，生活·读书·新知三联书店1991年
版，第3页。

　　② 邹进：《现代德国文化教育学》，山西教育出版社1992年版，第30页。

用具有唤醒作用的方法来打破学生心灵的封闭性，使其容受优秀文化；同时，语文课程的唤醒因素不是坦露在文本表层的，它也是一个封闭的完整系统，学生很容易用自己肤浅的思想认识去同化、遮蔽文本的深层意蕴，因此，想要呈现文本真正的意义，就需要教师下功夫做去蔽的工作，引导学生发现文本的唤醒因素。因此，从这个意义上说，语文唤醒教育的过程，就是一种意义的双重突围——既是由已知向未知的不断探索与深入，又是自我心灵的突破与超越。在这一过程当中，文本的意义得以阐释和升华，学生的心灵得以唤醒与成长。

　　综上所述，语文唤醒教育本身所具有的内发性、体验性、陶冶性、建构性四个基本特点，都是建立在学生的心理发展规律和语文学科特点之上的，体现了语文教育的本质。如果体现在实践中，则有望从根本上改变语文教育的外在化和功利化表现，使语文教育真正发挥出对学生人生的奠基作用。

第四章

语文唤醒教育的实施策略

语文教育本质上是一种唤醒教育。目前的语文课程改革，虽然在改变学生的学习方式方面取得了较大的成绩，但仍缺乏对学生的深层唤醒，特别是课程标准提倡的自主、合作、探究的学习方式，在实践中又衍生出新的形式主义。在最初的新鲜劲过去之后，一些教师又走上了老路。因此，当前语文课程改革，已到了一个发展的"高原期"，有必要借助唤醒教育的理念，使其得到进一步推进和深化。语文教学需要唤醒教育，要激活语文教学内容，化静态的客观知识传授为动态的主观精神建构，让语文教学充满生命感和创造力；要唤醒语文课堂教学及评价，使其能够触及学生的心灵，唤醒学生的精神和灵魂；要唤醒学生，也要唤醒教师和教育管理者，促进语文教育的深层次改革。因此，需要立足语文教育的长远发展，在语文教学的各个领域实施唤醒教育，使语文教学释放出原有的活力和魅力，进一步开创课程下语文教学的新天地。

第一节　阅读教学的唤醒教育策略

阅读化育气质，阅读改变人生。阅读已经成为现代人的一种必不可少的生活方式，可以说，好读书、读好书、多读书是打开语文之门的钥匙。张志公先生说："贫乏，是语文能力的致命伤。"① 阅读水平直接关系着学生的听说、写作、情感、审美、思维等水平的高低。审

---

① 庄文中编：《张志公语文教育论集》，人民教育出版社 1994 年版，第 116 页。

视课程下的语文阅读教学，表面的热闹背后还有很多旧观念、旧模式的残留，叶澜教授提出的"让课堂焕发出生命活力"仍然是一个需要继续努力才能实现的理想。很多教师因袭旧的教学模式或模仿新的教学方法，把原本最富有生命气息的课文活剥成了了然无趣的东西，让它们站在了学生的对立面；有的教师往往力不从心，在学生轰轰烈烈地讨论之后不能进行有价值的指导，学生语文水平难以得到有效提高；有的教师只能入乎其内，不能出乎其外，在课堂上激起学生情感的波澜后缺乏理性的点拨与审美的超越……因此，在当前语文课程环境下，在语文阅读教学中实施唤醒教育已是迫在眉睫，要唤醒学生阅读的生命体验、审美感和创造性，让学生在阅读中感受生命、认识自我，为语文阅读教学涂抹上一层鲜活的生命色彩。

一　阅读教学作为解读活动

唤醒教育把语文阅读教学看成是一种文本解读活动，阅读的过程就是学生、教师、教科书编者与文本之间的相互对话与理解、相互交融与唤醒、相互建构与生成的过程。一方面，作为具有鲜活生命的文本，其中所包含的丰富细腻的情感、深刻灵动的思想、幽远旷达的智慧，无不对读者的心灵产生强烈的冲击、震撼；另一方面，解读者作为文本本体存在的一个不可或缺的组成部分，对文本起着参与、补充与完成的作用，促成文本审美价值的最终实现。语文阅读教学中的唤醒教育，就是"将文本从静态的物质符号中解放出来而还原为鲜活的生命"①的过程；就是对解读者的自我意识、生命体验、审美感、创造性进行全面唤醒的过程；就是师生双方进行文化建构与审美超越的生命历程。它要求在阅读教学中唤醒学生进行个体体验性解读、多元开放性解读、互涉完整性解读和审美超越性解读。

（一）解读活动的个体体验性

《义务教育语文课程标准（2011年版）》着重指出："应该重视

_____

① 曹明海：《文学解读学导论》，人民文学出版社1997年版，第3页。

语文的熏陶感染作用，注意教学内容的价值取向，同时也应尊重学生在学习过程中的独特体验。"① 这里的独特体验是指生命的体验，是与人的血肉、灵魂、禀赋、气质等个体特性交融在一起的、对于文本意义的深切领悟和感应。凡是优秀的文本无不以它震撼人心的内在力量冲击解读者情感与灵智的堤坝，始则融化自我，物我合一，终则唤醒生命，自我生成，解读者在读完文本的同时也阶段性地发现并完成了自我。有位教师在学生学过冰心的小诗《纸船——寄母亲》之后，适时举办了以歌颂母爱为主题的"寸草之心报春晖"诗歌朗诵会，并邀请部分家长参与。学生在朗诵的过程中，情绪高涨，深情倾诉，动情地再现了内心深处对母爱的生命记忆，也更深地体悟到作者冰心对母亲的深情思念和对母爱的无比珍视，从而极大丰富了学生的情感世界。我国宋代理学家朱熹曾在《朱子读书法》中说："入道之门，是将自身入那道理中去渐渐相亲，与己为一。而今人之道理在这里，自家在外面，原不曾相干涉。学者读书，需要将圣贤言语，体之于身。"② 主张读书要切己体察，体之于身，验之于心，与己为一，化育气质。古今中外更有多少伟大的人物，特别是文学大师，受了某一部作品的熏陶感染，心灵受到生命的召唤而走上了自我生命追寻的道路，从此改变了自己生命的轨迹。因此，解读活动中的体验是生命的交融与震颤，是灵魂的唤醒与提升，是价值的召唤与实现。

《义务教育语文课程标准（2011 年版）》在教学建议部分提出："阅读是学生的个性化行为""要防止用集体讨论来代替个人阅读"，③要重视学生在阅读中的独体感受和体验。这就从根本上改变了传统的灌输式教学模式。真正的解读必须有精神的参与，它是人的生命在一个借助语言文字所构建的精神世界里的漫游，是在漫游途中的自我

---

① 中华人民共和国教育部：《义务教育语文课程标准（2011 年版）》，北京师范大学出版社 2012 年版，第 2—3 页。

② 张隆华、曾仲珊：《中国古代语文教育史》，四川教育出版社 2000 年版，第 340 页。

③ 中华人民共和国教育部：《义务教育语文课程标准（2011 年版）》，北京师范大学出版社 2012 年版，第 22 页。

发现与成长。因此，解读活动是一种个人化的精神行为，要唤醒学生的主体思维，让学生学会思考，作为一个思考着的灵魂参与解读活动，这是把自己与别人区别开来的首要条件，也是具备独立思想、独立人格的开始。个性化解读还体现在特定文本只对特定学生起到唤醒的作用，同样的，特定的学生只对文本中特定的段落、特定的语句感到震撼，这是因为每一位学生的经历、思想、性情不同，也就与特定文本或文句中所蕴含的思想与情感发生碰撞的轻重不同，这也反映出学生是真正思考并参与了文本解读活动。可见，那种脱离了学生生活感受和生命体验的自我陶醉式讲解对于学生来讲并无多少意义。

（二）解读活动的多元开放性

与阅读的个体体验性相联系，读者对于同一文本的解读必定是多元化的。鲁迅先生曾说过一段大家耳熟能详的话：一本《红楼梦》，"单是命意，就因读者的眼光而有种种：经学家看见《易》，道学家看见淫，才子看见缠绵，革命家看见排满，流言家看见宫闱秘事……"[①] 在解读活动中，由于学生个体所蕴含的学习资源不尽相同，对文本的兴奋点也存有差异，可以根据自己的领悟与理解做出自己的阐释，这就为再造想象打开了一扇窗口。因此，在文本解读活动中，要鼓励多元化解读，唤醒学生的想象，培养学生的创新思维能力。明末王嗣奭对杜甫《新安吏》中"白水暮东流，青山犹哭声"二句如此解读："此时瘦男哭，肥男亦哭，肥男之母哭，同行同道者哭，哭者众，宛如声从山水出，而山哭水亦哭矣。至暮，则哭别者已分手去矣，白水亦东流，独青山在，而犹带哭声，盖气青色惨，若有余哀也。"[②] 单一"哭"字，却包含这许多哭声，何等笔力，何等蕴藉！可见，要做一个出色的解读者，非要有深厚的语文功底与修养不可。

---

① 鲁迅：《鲁迅全集》第 8 卷，人民文学出版社 2005 年版，第 179 页。

② （明）王嗣奭：《杜臆》卷 2，中华书局 1963 年版，第 69 页。

　　唤醒教育理念亦赋予文本以开放性，这使得解读的多元化成为可能，也使得文本具有了永恒的艺术生命力。也就是说，每一个文本对于解读它的人来说，都是一种开放性的召唤式结构，都是一种意义的倾诉与吁求，解读的过程就是唤醒解读者自身沉睡的感情和生命，激活读者思维性灵和创造潜力的过程，也是二者之间精神相遇、情感相融和意义相生的过程。我国古代文艺理论家也注意到了寓含艺术张力的文本与唤醒主体间的这种相融相生性而提出了自己的观点，如钟嵘的"滋味"说、严羽的"兴趣"说、王士禛的"神韵"说、王国维的"境界"说等，极其感性而又空灵地刻画了具有开放性特点的优秀文本的迷人魅力。

　　（三）解读活动的互涉完整性

　　文本"互涉"，主要是指不同文本之间结构、思想、意蕴等相互模仿、关联、补充或暗含的情况。这种现象给解读者的启发就是：把解读活动作为一个完整的有机系统来观照，特别是对于同一作家不同文本的解读。如中学语文教学中对于鲁迅小说作品的理解，就应该将其视为一个相通的文本世界，唤起学生的整体性思维，抓住其改造"国民性"和"立人"思想的主脉，对其小说做出整体互补的把握。接受美学的崛起，为我们提供了解读文本的全新视点，但它也存在一个缺陷，就是无限提升读者主体地位而将作者放逐，而抛离了作家的原意，解读活动就会成为一种主观的臆想。唤醒教育所主张的解读既突出读者主体的地位，也重视作者主体的价值，是一种完整性解读。读者、作者互相作用，互相唤醒与交融，共同使文本不断获得新的生命与活力。

　　柏拉图对话录中有这样一个故事：据说人类原是一种球形的生命体，后因行为恶劣被神劈为两半，从此，每个人作为被劈开的半个始终在寻求着生命的另一半，这便是爱。伽达默尔认为这个整体破裂又重返整体的故事对于阐述艺术有着更深的含义，它以美丽动人的方式揭示了艺术活动的本质在很大程度上就在于返回整体、补全整体的运动。一方面，解读活动是作者与读者作为永远期待的灵魂与永远找寻的灵魂的精神遇合，相互唤醒，相互参与，填充起一个完整的生命；另一方面，同一个作家的所有作品，或者不同作家的同类作品，都是作为破裂的思想、破裂的生命在要求着、呼唤着返回整体、补全整体。如此，我们才能找到美丽的球形生命。无独有偶，中国古代也有一个内蕴深刻的故事，那就是《庄子》里的"混沌之死"。如果我们一定要把每一个作家的每一个文本都弄一个"眉清目秀"，或者在解读过程中不顾及作家的创作心态和整体创作风貌，那么，就会失却对其思想和艺术的整体理解和把握，打击学生的学习兴趣，所得到的解读结果也就失之片面。

再以鲁迅作品教学为例，原先学生学习语文有"三怕"，其中一怕就是周树人，原因是传统中学语文教材选择的鲁迅作品篇目，多是嬉笑怒骂式的时论或政论，如《论"费厄泼赖"应该缓行》《论雷峰塔的倒掉》《"友邦惊诧"论》《中国人失掉自信力了吗》《"丧家的""资本家的乏走狗"》等，这类杂文，固然也是鲁迅的名篇，但由于时代背景的隔膜和语言文字形成的障碍，很难激发学生的兴趣，而鲁迅作品又常常是考试的重要内容，所以老师还不得不花很多时间去讲深讲透。这样就造成了学生对鲁迅作品的恐惧心理，并且导致留在很多学生心目中的鲁迅形象，也始终是那个一脸严肃、横眉冷对的所谓革命家、思想家、文学家三位一体的圣人。学生无法从心理上亲近，故而也就很难被唤醒。但课程改革以后的语文教材，已经注意到了这一点，做了很多努力，如教材选文中删减了很多战斗性的杂文，增加了诸如《阿长与〈山海经〉》《雪》《风筝》《社戏》等富有人情味的散文和小说，教参的解读也淡化了意识形态色彩。更有一些专家型教师如钱理群亲自到中学开设鲁迅作品的选修课，还出版了有关专著。可以说，鲁迅作品选文系统、阐释系统、教学方式等的转变，更加有利于还原一个真实的、完整的鲁迅，更加有利于唤醒学生的心灵和审美意识。因此，教师在教学鲁迅作品时，不妨前引后联，让学生形成对鲁迅的完整印象。

（四）解读活动的审美超越性

读书的一个重要目的是为了审美愉悦与精神享受，孔子所云"志于道，据于德，依于仁，游于艺"①中的"游"字，就传神地表现出了一种如鱼在水、忘其为水的悠游境界。审美性是优秀文本的特有属性，记叙文的情感之美，说明文的科学之美，议论文的思辨之美，小说的形象之美，戏剧的冲突之美……无不给读者的心灵以极大的撞击。另外，同一文本的不同层面，也给人不同的审美享受。英伽登的审美层次理论认为，文本是一个由语音节奏层、语象画面层和语义内蕴层构成的多层次审美结构，每一层次都给人不同程度的审美感受。一位教师曾指导学生用审美层次理论解读老舍《济南的冬天》：首先，诵读课文，把握音韵和节奏，读出文章的情韵美、律动美和人文美；其次，在诵读的基础上描绘画面与场景，体味其绘画美、意象美和境界美；最后，透过画面与意象，挖掘文本的内在意蕴，体验其情思美、风骨美与生命美，引发读者的情感共鸣与心理同构反应，达到解读的审美化境界。这样的解读依据文本的审美特性，运用美的情感和美的语言在美的情境中唤醒学生美的感受和体验，真正体现了经典文本常读常新的特点，也能让学生从不同角度、不同层次得到审美享受。

海德格尔说："存在地地道道是超越者。"②超越是人的本质。唤醒学生审美意识的最终目的是为了审美超越，使他在有限的现实世界之外还能拥有一个无限宽广美好的心灵世界。超越是自觉地对于有限性的挑战，是对人生价值的思考，也是对生命终极意义的关怀。而艺术是使人达到超越境界的重要途径，它满足了人诗意地生存在大地上的心愿和回归生命本真境界的渴望。因此，深切的解读过程也是一个唤醒学生审美意识的过程。通过对文学作品美的导引，使学生"沉醉

---

① 杨伯峻：《论语译注》，中华书局1980年版，第67页。

② ［德］马丁·海德格尔：《存在与时间》（第3版），陈嘉映、王庆节译，生活·读书·新知三联书店2006年版，第45页。

不知归路"，激发出本性中对真善美的追求，领悟到人生的真谛和宇宙的奥妙，与天地精神相往来，从而超越自我，焕发新生。这是文学的功用，也是教育的追求。

综上所述，语文阅读教学作为一种文本解读活动，是对文本所承载的思想、情感、审美等因素的唤醒，也是对师生生活体验与生命意识的唤醒，当三方在交往过程中发生碰撞时，学生的意识就会从日常生活转到审美世界，从而建构起新的生命意义。而在唤醒教育连续不断实现的过程之中，师生潜在的自我发展与创造意识得到激发，新的意义不断地被发现，师生共同处在生命生成的路途中。这正是语文阅读教学的真正乐趣与价值所在，它超越了任何教学形式上的技巧，是真正审美性与艺术性的教学。

二　阅读教学内容的唤醒策略

在阅读教学中，文本可以被形容为一座宝山，学生可以从中发现自己喜欢的奇珍异宝，但在实际的语文课堂上，却经常出现教师和学生入宝山而空手归的现象。原因是什么呢？为什么有些教师就不能找到芝麻开门的咒语呢？原因当然很多，但其中很重要的一点就是教师没有引导学生去发现和挖掘文本中的"唤醒点"，可以说，找到了这些"唤醒点"，也就找到了进入文本宝库的钥匙。因此，从文本教学内容的"唤醒点"着眼，或许可以找到提高学生学习兴趣和课堂教学效率的有效途径。这里的"唤醒点"，是指文本中能够唤醒学生的体验和思考、激发学生问题意识的关键环节，包括文本的闪光点、反常点、矛盾点和关节点四个方面。

（一）捕捉文本的闪光点

优秀文本总有它的闪光点，当我们读到它的时候，会有眼前一亮、为之心动的感觉。这个闪光点，也往往是学生与文本的共鸣点。感知文本的过程，其实就是学生打开心扉，用心灵去感受、体验文本的过程。当学生被问及"文章好在哪里""你喜欢哪一处"的时候，潜伏在文本中的这些闪光点就自然而然地触动学生的心灵。教师的教学活动，也就立足于此并在此基础上展开。

不同类型的文本有着各自不同的闪光点，既可以是曲折动人的故事情节，栩栩如生的人物形象，也可以是意蕴丰富的语句、贴切生动的修辞、优美空灵的意境，还可以是深刻的主题、独特的见解、严谨的结构、巧妙的手法、准确的表达等。一篇文本中可能会有多个闪光点，不同的学生会被不同的闪光点所吸引，取决于他们不同的生活经历、阅读经验和生命体验。这就要求语文教师在阅读教学中不必执着于一端，也不必面面俱到，而应该根据具体文本，指导学生自己发现闪光点。比如《我的叔叔于勒》，可能有的学生对人物形象感兴趣，有的对故事情节感兴趣；在人物形象中，有的对于勒感兴趣，有的对菲利普夫妇感兴趣。教师可以从学生的初读感受出发，引导学生展开殊途同归的深入探究，寻找到这篇小说最能打动人心的地方，也就是文中的小菲利普在心里默念的："这是我的叔叔，父亲的弟弟，我的亲叔叔。"儿童心里朴素的血缘亲情战胜了成人世界的现实利益，虽然小菲利普无力改变现实，但他却保持了自己善良的本性，心灵最终没有被金钱关系所异化，这是人性的亮点，也是作者寓于批判中的赞美。

在教学中，教师应该自觉地引导学生捕捉文本的闪光点，从而达到"牵一发而动全身"之效，比如教学《木兰诗》，可以突出木兰的女性英雄形象之美；教学《安塞腰鼓》，可着重于对文本语句的品味和文章气势的感受；教学《中国石拱桥》，可抓住它准确周密的语言；教学《〈孟子〉二章》，可让学生重点体会其雄辩的说理……每篇文章都会有其闪光点，阅读教学倘能紧紧抓住这些闪光点，做到"每课一得"，足矣。但这一得，要能提高学生的语文素养，要能唤醒学生的生命体验，要能化育学生的精神气质，要能促进学生的心灵成长。如此，方是真正的一得，方能使学生铭记于心。

（二）发现文本的反常点

细读文本，往往会发现有的文本中含有一些不合常规的用词和表达，我国自古就有炼字炼句的传统，因此，这种反常现象在古代诗歌中尤甚。解读文本，就是要引导学生细细体会、用心揣摩，善于捕捉、发现文本的反常之处和突兀之处，从而激发学生内心的疑惑、诧异、思考、探究，揭示出隐藏在语言文字背后的奥秘。

比如韩愈的《左迁至蓝关示侄孙湘》一诗，字面上的反常之处在哪里呢？细读全诗即可发现，"云横秦岭家何在？雪拥蓝关马不前"一句，通常我们用"飘"来形容云的状态，诗人在这里为何用"横"字呢？原来，"横"赋予云以"蛮横、强硬"的感情色彩，既是对遮天蔽日之云的实景描述，又象征此刻诗人遭贬离京，望不到家乡的惆怅心情，可谓景阔情悲；若用"飘"，这种感情也就"轻飘"起来，其沉重感就难以体现了。

又如杜甫《绝句》中的"窗含西岭千秋雪，门泊东吴万里船"，小小的"窗"何以"含"得"千秋雪"呢？表面上似有突兀之处，其实，作者巧用"含"字，使得"千秋雪"这难得一见的美景突然近在眼前，宛若镶嵌在窗框中的一幅图画，一方面表现了空气的清澈透明令人心情舒畅，另一方面也暗示了诗人因"安史之乱"结束而得以重返成都草堂的无比欣悦的心情，可谓一切景语皆情语。

再如王之涣《凉州词》中的"一片孤城万仞山"句，作者用"片"而不用"座"来修饰"城"，似乎也有搭配上的反常，为什么？原来，这座"城"坐落于茫茫群山之中，周围都是万仞高山，相形之下，它就小得可怜，单薄得如同一片纸了；而城中的士兵呢，就显得更加渺小和微不足道。因此想到，士兵常年生活于这春风也不肯吹到的地方，怎能不让人感到悲苦！可见，即使是小小的一个量词，也可以让人咀嚼出许多滋味来，关键是教师要引导学生去发现平常中的"反常"之处。

诸如此类的例子还有很多，它们存在于大多数文学作品中，起到一种语言的陌生化效果，增加感知的难度，延长感知的时间，从而使学生获得更多、更深的审美感受。但这些字句也是最容易被忽视和滑过的，教师要注意拂拭蒙在这些语言上的灰尘，抓住矛盾点设问，提高学生的感受力，激发其问题意识。

　　(三) 揭示文本的矛盾点

　　学生在阅读文本的过程中，往往会产生一些语义理解上的困难。这一方面是由于学生不了解作品的时代背景，另一方面是由于文本特别是文学作品的固有特性决定的。文学作品常常委婉、屈曲地表达作者的思想情感，文本语言常带有作者主观情感的印记。因此，抓住这些理解上的难点，揭示出其中的矛盾，引发学生的深入思考，就可以跨越语言文字的表层，走进作者心灵的幽微之境，从而大大激发学生的问题意识和探究兴趣。

　　那么，如何揭示文本的矛盾呢？孙绍振先生为我们提供了一种方法——还原法，即"首先要从文学语言中'还原'出它本来的、原生的、字典里的、规范的意义，其次把它和上下文中，也就是具体语境中的语义加以比较，找出其间的矛盾，从而进入分析的层次"①。也就是说，找出语言文字的原初意义与语境义之间的矛盾（或说差别），然后激发学生思考：为什么会存在这种矛盾？作者为什么要这么写？从而引导学生深入文本，揭示其深层意蕴。比如《藤野先生》中，鲁迅这样评价藤野先生："他的性格，在我的眼里和心里是伟大的，虽然他的姓名并不为许多人所知道。"一位普通学校里的普通教授，何以就成为鲁迅眼里、心里"伟大"的象征呢？教师可以从这个矛盾入手引导学生展开文本阅读和探究。再比如《天上的街市》中所描绘的"那隔着河的牛郎织女，定能够骑着牛儿来往"与民间故事结局的不同，恰恰反映了作者对理想社会的美妙构想。

　　可见，在文本的表层结构中往往蕴含着矛盾，学生学习文本不能只是在语言的表层滑行，而是要善于在平淡处发现精彩，抓住矛盾，以此引发、唤醒问题意识，以追寻、体会作者思想情感的脉动。教师如果注意到这一点，就能在学生感觉得到而难以表达出来的地方继续推进一步。因此，抓住了矛盾、发现了问题，就是阅读教学的良好开

---

　　① 孙绍振：《名作细读——微观分析个案研究（修订版）》，上海教育出版社2009年版，第185—186页。

端，也是唤醒的开始，由此才能引导学生真正深入文本展开探究，并有切实的收获，这才是语文阅读教学的真正魅力之所在。

（四）抓住文本的关节点

什么是关节点？所谓关节点，就是起关键性作用的环节。在文本中，关节点往往看似普通，毫不起眼，岂不知内里却是机关埋伏、洪波涌动。比如教学苏轼的《赤壁赋》，有的教师就把"举酒属客"一句作为全文的关节点——一方面，它为全文结构上形成主客问答的核心格局做铺垫；另一方面，以酒为媒抒发作者的超然、放达情怀，从而引发主题。师生若能独具慧眼地抓住类似的关节点，让思维在这里停驻，从中发现问题，则文本分析就会纲举目张，起到事半功倍之效，课堂就会涌起波澜壮阔的思想激流。

课文的关节点，有的是在题目，比如《变色龙》《鸿门宴》等；有的是在文本开头或结尾，比如《荷塘月色》的开头"这几天心里颇不宁静"，《社戏》的结尾"真的，一直到现在，我实在再没有吃到那夜似的好豆，——也不再看到那夜似的好戏了"，《再别康桥》的首尾两节等；有的是在文本的关键语段中，比如《背影》一文中对父亲过铁路的描写；有的则隐藏在文本的情节结构中，比如《林教头风雪山神庙》中陆虞候酒店密谋杀害林冲的情节，等等。抓住这些关节点，唤醒学生的问题意识，让学生深入文本，阅读教学就可以由"山有小口，仿佛若有光"抵达"豁然开朗"的境界。比如教学《变色龙》，教师可围绕其关节点——"变"，引导学生思考这样两个问题：第一个，他变了吗？（探讨情节与人物）第二个，他真的变了吗？（激发对人物与主题的深层探究），从而大大激活学生的探究兴趣。可见，抓住文本的关节点，就可以切中肯綮，"以无厚入有间"，引发学生思考，自然而然地唤醒学生的探究意识，曲径通幽，直抵文本纵深处。

以上所列文本的这些"唤醒点"——无论是文本的闪光点、反常点，还是矛盾点、关节点，都不是截然分开的，其中必然有所交叉与融合。这里对它们分开来逐一论述，仅是为了阐释的方便，其实，在实际阅读教学过程中，只要能够抓住其中的一点或者两点，引发学生的主动思考，就能够开启文本分析的奥妙之门。

理想的课堂是要让学生在一堂课当中有所变化，上过这节课后，学生不再是上课之前的自己。而这一转变的关键，就是通过教师的引导和唤醒，让学生在学习活动中发现问题、提出问题、思考问题、解决问题，从而让学生在此过程中感悟未知世界，发展智慧，提高思想认识水平。不可忽视的是，由于生活经历、阅读经验、知识积累的不足，学生的阅读心理一般具有某种程度的封闭性，看到的往往是文本已知的表层，很容易用自己肤浅的思想认识去同化、遮蔽文本的深层意蕴，所以，在阅读教学中，如果学生难以深入，教师就要自觉引导学生寻找文本的"唤醒点"，从中发现问题。从某种意义上说，阅读课的教学过程，其实就是由已知向未知的不断探索与深入，也是自我的突破与超越。在这一过程当中，文本的意义得以阐释和升华，学生的心灵得以唤醒和成长。

三　阅读教学过程的唤醒策略

文本教学内容的"唤醒点"需要教师深入钻研文本，并在此基础上进行教学设计，但这个设计毕竟还只是预设，真正在课堂上唤醒学生，尚需要教师进一步研究教学过程的唤醒策略。阅读教学过程在这里指语文课堂教学流程。当前语文课堂教学存在如下几种不良倾向：一是脱离学生。教师自己激情飞扬、滔滔不绝，把课堂当成自己表演的舞台，根本不考虑是否能够唤起学生的兴趣与情感，仅仅是为了完成预设的教学内容而已。二是脱离文本。有的教师挖空心思设计课堂教学流程，借助一些多媒体手段，只为求新求异，却偏离了文本和语言。三是呆板无趣，以灌输或变相灌输为主，方式僵化。

上述种种现象在实际教学过程中并不鲜见，虽然表面上看好似"乱花渐欲迷人眼"，但实际上则是"浅草才能没马蹄"，花拳绣腿，缺乏实效，因为这些大多属于浅层次、无价值的课堂教学，不能真正唤醒学生的情感体验和思考意识，触动学生的心灵，使他们深层次地参与到课堂教学活动中来。解决以上问题，需要教师在课堂教学中提高认识，充分发挥课堂教学的唤醒功能，运用恰当的策略和方式，唤醒学生内心的情感体验，拨动学生的心弦，激发学生进一步探究的欲望和兴趣，实现学生、教师、文本三方的"相遇"。为此，本书提出基于文本、学生和活动的三种唤醒策略。

（一）基于文本的唤醒策略

基于文本的唤醒策略，要求教师在备课过程当中广泛收集资料，在吃透教材的基础上，发现文章的亮点，并把它作为课堂教学的切入点。这个亮点，可以是文章的疑问点、矛盾点，也可以是文章的闪光点、精彩点、审美点。课堂起始只要能够抓住"一点"，使学生进入"愤""悱"状态，就能引导课堂教学走向高效。如果教师在教学中有一种一切材料了然于胸的从容，就会很自然地在心里把教学内容内化、重建，进而生发创造，使之更轻松自如地抵达学生的灵魂深处。

探究未知世界，是人类的本能。学生认识世界、探索世界的好奇心，是从一个个疑问开始的。语文课堂教学也应该尊重学生的这一心理规律，通过揭示、探究文本的疑问点，来唤醒学生的探究欲望。有的文章标题就暗含了矛盾和疑问，这时就可以从分析题目入手。如钱梦龙老师教学《死海不死》，就紧紧抓住文章题目中"死"与"不死"的矛盾设疑："标题上有两个'死'字，它们的意思一样吗？"从而达到"一石激起千层浪"的效果。再如，一位教师教学《我用残损的手掌》，让学生思考两个问题：我用残损的手掌干什么？为什么是残损的手掌？同样能够激发学生探究的欲望，有利于学生深入研读文本。另外，还可以从文章内容入手来挖掘疑问点，在学生初读文章后设疑。一位老师教学鲁迅的《阿长与〈山海经〉》时，让学生根据课文内容填写一份阿长的履历表。学生在姓名一栏填上了"阿长"，老师问：这是阿长的真实姓名吗？由此引发了学生对阿长身份、地位等的反思，从而揭示出人物的悲剧命运和作品的深层意蕴。语文教育家孙绍振先生说："一个称职的语文教师，仅仅在课堂上滔滔不绝，不一定是有效的。关键在于，要在学生忽略掉的、以为是不言而喻甚至是平淡无奇的地方，发现精彩，而且揪住不放，把问题提出来，也就是把矛盾揭示出来。"① 因此，教师在课堂教学中不能只是在语言的表面滑行，而是要善于发现文章的疑问点、矛盾点，有一种"明知山有虎，偏向虎山行"的探究精神，不回避问题和矛盾，这样才能激发出学生浓厚的探究欲望，也能切实提高自己的教学能力。

经典文章多是文质兼美的，可一些教师在教学过程当中，常常"得意忘言"，只顾欣赏文本内容和所描写的对象，却忘记了引导学生去品味语言和形式的美。有位教师就意识到了这一点，他在教学《苏州园林》时，很巧妙地设置了两个问题：一是"苏州园林"的美美在何处？二是"《苏州园林》"的美美在何处？这实际上是在提醒学生要从文章内容和形式两方面入手来欣赏文章的美，充分唤醒了学生的审美注意，令人耳目一新。类似的课文还有《安塞腰鼓》《中国石拱桥》等，都可以使用这种方式，以使学生从进入文本之初就注意捕捉文章的审美点。

上述唤醒策略主要侧重于文本内容，另外，教师还可以抓住课文的文体和语言特点进行教学。对于一些文言文或写作年代比较久远的历史性文本，也可以为学生补充作者介绍和写作背景知识，但要注意恰到好处，不要先入为主，束缚学生自主阅读文章的积极性和乐趣。无论侧重哪一点，教师都要争取在学生原有水平上教学"未知"，而不是教学"已知"，以新鲜有趣的"未知"，唤醒学生求知的欲望，让学生体悟到审美的快感，使课堂教学达到一种既在情理之中又在意料之外的课堂效果。

（二）基于学生的唤醒策略

教学最终是为了让学生学，因此首先要考虑学生的学习需要和生

① 孙绍振：《名作细读——微观分析个案研究（修订版）》，上海教育出版社2009年版，第187—188页。

活体验，唤起学生情感与思维的共鸣。语文名师于漪说过："对准学生心弦弹奏，悦耳动听的教文育人的乐曲就会萦绕在课堂，就会在学生胸际激荡。"① 具有唤醒功能的教学要"对准学生心弦弹奏"，找到师生和文本情感的共鸣点，这样才容易披文入情，引导学生唤醒自己的生命记忆和情感体验，深度参与课堂。比如教学《走一步，再走一步》时，教师可以通过唤醒学生类似的生活经历和情感体验进行教学，使学生与文本产生深刻共鸣，并借机升华学生的情感，深化学生的思想。只有当课堂教学与学生的生活经验、情感体验产生关联时，才能够真正唤醒学生的学习兴趣，引发学生的积极思维，激励他们深入探索；而不能唤醒学生内心体验的教学，都是外在的，与学生无关的，因而，也是无效的。有的文本由于写作年代久远，学生不了解背景，缺少情感共鸣，这时可以通过引入一些历史资料来还原时代背景，让学生走近彼时彼地，设身处地去感受，比如一位老师教学《土地的誓言》一文，课堂伊始，先播放歌曲《松花江上》，在悲痛沉郁的音乐声中，运用多媒体展示当时日本侵略者蹂躏、践踏中国人民的图片，很容易就把学生引入那个烽火连天、国将不国的历史氛围之中，为接下来学习课文创设了良好的氛围，奠定了情感基础。有时候，教师声情并茂的朗读也可以充分表现出抒情性文章中语言的感染功能，从而创造学习的情境，让学生在共情的氛围中去感受作者的心境，引发共鸣。

　　具有唤醒功能的课堂教学不仅能够通过唤醒生命体验、引发情感共鸣来激起学生的阅读兴味，而且有时候还会引起学生思维的激荡。这种情况，更多地体现在那些饱含丰富意蕴的文题当中。比如教学《爸爸的花儿落了》这篇课文，教师可以通过引导学生探究文题中所隐藏的深刻内涵，唤醒学生的阅读期待，而学生的阅读期待往往与阅读实际之间存在着矛盾与张力，二者之间的不断博弈会使课堂教学产生一股神奇的力量，激发学生思维的震荡，在震荡中完成自我精神的

---

① 于漪：《于漪文集》第 2 卷，山东教育出版社 2001 年版，第 98 页。

建构，从而使得课堂生气勃勃、兴味盎然。这样一种精神的游走与探险，总是令人着迷的，对这种新鲜感受的捕捉、发现与创造的乐趣，有谁会拒绝呢？

　　如果教师不考虑学生的体验与需要，仅把课堂当成自己表演的舞台，那么这样的表演跟学生的心灵无关，无论如何精彩，对大部分学生来说，难免会造成"热闹是他们的，我什么也没有"的尴尬。因此，寻找共鸣点，需要教师的倾情投入。被誉为"德国教师的教师"的第斯多惠说："课堂教学艺术是激发、启迪和活跃，但是你本身要是没有激发性，没有主动性，又怎么能去激发学生，去唤醒睡眠的人，又怎么能去活跃别人呢？只有生命才能创造生命。"① 因此，只有浸染了教师情感的课堂教学，才能够在情感上打动学生；只有经过教师深思熟虑的课堂教学，才能够激发学生的思索。这就要求教师要有敏锐的感觉和独特的思考，在与学生情感交流和思维碰撞的过程中，推动学生的情思"向青草更青处漫溯"，使学生在无尽的探求中走得更远。

　　（三）基于活动的唤醒策略

　　无论是基于文本的教学策略，还是基于学生的教学策略，都基本上是在教师的主导下进行的。在课程环境下，能否考虑另一种形式的教学，即基于活动的教学？笔者认为是完全可行的。活动是语文课堂教学中落实学生主体地位的根本手段，通过活动，学生的生活体验被唤醒，主动性被激发，思维和情感得以释放，生命处于兴奋状态，在这种"唤醒场"中进行文本学习，能够充分发挥他们的内在潜力。有位老师在教学欧·亨利的小说《麦琪的礼物》时，让学生先行猜读，即在进入文本之前，先让学生猜一下故事的发展与结局，再与原文对照阅读。这种猜读活动，实际上是学生同作者共同进行的一场心灵探险。学生在与作者和文本进行心灵沟通的过程中，提高了自己的

---

　　① ［德］第斯多惠：《德国教师培养指南》，袁一安译，人民教育出版社2001年版，第177页。

感悟能力和审美能力。

　　基于课堂活动的教学，其实就是以学生的课堂展示、交流等活动来进行教学，比如，学生分小组展示课前收集的关于作家作品的文字或图片资料，用竞赛的方式自主学习语文基础知识，用自己喜欢的方式交流阅读的感受和理解，提出自己的疑问，等等，这些课堂活动不仅可以培养学生的自主意识和实践能力，还可以培养他们的质疑能力和创造性思维能力，在整个活动过程当中，教师虽只有寥寥数语，课堂气氛却十分活跃。近些年来声名远播的聊城市杜郎口中学，其课堂教学就是建立在学生自主活动的基础上的，其教学过程包括"预习—展示—反馈"三个阶段，每一阶段都以学生的活动为主，学生的才艺得以展示，个性得以张扬，灵感得以释放，生命得以唤醒。在这样的理念指导下，一个普通的农村中学成了全国知名的教改典型。一位杜郎口中学的语文老师这样写道：

　　　　课堂上，学生真的成了主人，或思或写或读或讲或唱，或与他人合作，或在一旁静心创作。课堂成了超市，同学们喜欢哪种方式就选取哪种方式，用他们的话说就是"我的课堂我做主""我的地盘我主宰"。来到我校，你随处都能看到生命的灿烂亮丽，很容易被孩子的表现感动着，震撼着。在这里，你会发现每个孩子都是阳光的，对生活充满激情的。①

　　处于唤醒状态的学生，其所焕发出的学习兴趣、学习热情是令人惊异的。很多到过杜郎口中学的老师都用"震撼"一词来形容自己的第一感觉，就是震撼于学生的学习潜能和生命状态。

　　基于活动的课堂往往是最为活跃的课堂，其中含有更多的变数，因而就有更多生成的可能性。只要教师为学生的活动提供一个宽松的

---

　　①　史金凤：《诗意的栖居——一名杜郎口中学语文教师的成长档案》，中国文史出版社 2012 年版，第 12 页。

氛围，学生的感悟力与创造力一定会让教师惊叹。实践证明，活动式教学更能激发学生的兴趣、唤醒学生的体验，让课堂更为灵动活泼，但这也对教师的综合调控能力与临场应变能力提出了挑战。教师不但要有善于发现的眼睛，还要有高速运转的大脑，在学生的活动过程中随时发现并捕捉学生创造性思维的火花，不断营造、追踪学生的兴奋点，并适时抓住"这一点"进行扩充、引发与升华，跟学生一起投入到课堂学习活动当中去。同时，还要在"活"中求"实"，使课堂活动真正落到实处，避免"虚""飘"二字。从这个意义上说，教师是用自己一生的积累在备课，用自己一生的时间在设计语文课堂教学。

以上分别论述了语文课堂教学过程基于学生、基于文本、基于活动的唤醒策略，其实，在实际教学中，三者是不能截然分开的，它们互有交叉，语文教师可根据具体情况有所侧重，或力争找到更多的"唤醒点"。总之，语文课堂教学中唤醒的因素无处不在。这就需要教师胸中有书，目中有人，充分相信学生、利用文本、借助活动，激活学生的情感和思维，唤醒学生的兴趣和潜能。

四　阅读教学语言的唤醒策略

阅读教学语言在这里指教师的课堂语言。课堂语言是语文教师的基本功，好的课堂语言具有唤醒功能，不但能激发学生的学习兴趣，而且能唤醒学生的情感与心灵，调动起学生的学习热情和自主意识，使学生深度参与课堂。然而，在当前的语文教学中，语文教师的课堂语言还存在一些问题，如有的教师追求一种花哨的演讲体语言，乍听之下耳感极佳，但过后即如过眼云烟，在学生心中留不下多少痕迹；有的教师使用独白体语言，照搬教参、教辅上的内容，用现成的分析和结论来掩盖鲜活的阅读体验，自说自话，缺乏与学生的交流；还有的教师的课堂语言完全是日常体，比较琐碎、随意，缺乏深度和文采。类似这些语言，都是低效甚至是无效、负效的，不但不能唤醒学生，有时甚至还产生相反的效果。那么，语文教师如何才能充分发挥课堂语言的唤醒功能，提高课堂教学的有效性呢？可以参考以下几个策略。

（一）用语言唤醒学生的学习与探究兴趣

很多教学名师的课堂语言都注意唤醒学生的学习兴趣，比如钱梦龙老师，他是主张"不教之教"的。有人曾说，听钱梦龙老师讲课，就像欣赏一台高水平的交响乐，而钱先生就像一个高明的指挥，乐队的每一个音符都不是指挥演奏出来的，但每一个音符又都有指挥的影子。钱梦龙教《愚公移山》时，曾针对"邻人京城氏之孀妻有遗男"一句问学生："京城氏家的小孩子也跟愚公去移山，他的爸爸肯让他去吗？"把学生的注意力巧妙地引导到对"孀妻""遗男"的理解上，一下子就唤醒了学生学习与探究的兴趣，激活了课堂。

特级教师洪镇涛教学《天上的街市》，为让学生深入体会诗歌之美，和学生有这样一段对话：

师：好，大家读了一遍。现在我们来深入学习这首诗。你们，看这首诗不长，语句也通俗易懂，一看就明白。但是，我们深入进去，还有很多地方值得我们品味，值得我们揣摩，值得我们学习。

下面，我们采用这个方法好不好？我先提出两个问题，然后你们仿照我提问的角度和方法，你们自己来提出问题，自己来解决问题，好不好？

（生有的点头，有的说"好"）

我们看第一节，（师读第一节后）我现在把"天上的明星现了"，这"现了"两个字换一换，换成"亮了"。"天上的明星亮了，好像点着无数的街灯"，行不行呢？好，好多人举手了，你说。

生：当夜幕降临的时候，如果用"亮了"就体现不出来，用"现了"就能体现出来。

生：天上的星星一直都是亮着的，一直都发出亮光。只是平时是太阳的光芒把它们的光芒掩盖住了，当黑夜来临太阳被地球挡了，这个时候才能看见其他恒星的光芒，所以应该是"现了"

而不是"亮了"。

师：（高兴，喜悦地）好！他运用了科学知识。因为星星没有由暗到亮的过程，只有由隐到现的过程，对不对。回答得很好！而且既然称为明星，这儿用"亮了"好不好哇？（生齐答："不好。"）明就是亮的嘛，那不是重复了吗？

好，我现在提第二个问题。第一节有两句话，我现在把这两句颠倒一下，行不行？（朗读）"天上的明星现了，好像点着无数的街灯。远远的街灯明了，好像闪着无数的明星。"（略顿）换了个位置，怎么样？哦，好多举手的呀，你说。

生：我觉得不行。因为他首先是由人间的街灯联想到天上的明星；然后再由天上的明星，很自然地联想到天上的街市；又由天上的街市想到天上的人物。所以不能颠倒。［在生回答时，师板书：街灯］

师：噢，他从作者联想的过程来看，说这样不妥当，是不是啊？（生纷纷答："是。"）他说得有没有道理呀？（生纷纷答："有。"）嗯，有道理。

......

那么，同学们发现没有，我刚才提的两个问题都是从作者怎么样运用语言的角度提的。第一个问题涉及用词的准确性，第二个问题涉及这首诗构思的问题。①

《天上的街市》是一首语言浅显、意境优美的小诗，唯其浅显，所以难教。洪老师以商量的语气，从语言运用的角度，提出两个问题，引导学生比较揣摩改诗和原诗的微妙区别，并在最后加以简短的总结，提升学生的认识水平。洪老师的课堂语言是平实的日常话语，但背后体现的却是他一直倡导的"变讲堂为学堂，变研究语言为学习语言"的教学思想，因此话语中暗含着学术性。用这样的话语跟学生

---

① 洪镇涛：《洪镇涛语感教学实录》，开明出版社 2005 年版，第 127—129 页。

交流，既尊重、落实了学生的主体性，也体现了语文教学的专业性。在洪老师的示范和引导下，学生的探究欲望被唤醒，提出了很多有价值的问题。

上述例子在名师课堂实录中俯拾即是，类似这些深入浅出、令学生兴味盎然的课堂语言是怎样炼成的呢？无非是深入钻研文本和真正落实学生主体地位的结果。只要教师的课堂语言贴近学生、贴近文本，就能激发学生的兴趣，开启学生的心扉。

（二）用语言唤醒学生的联想与思维热情

在成功的课堂上，教师能用自己的教学语言使整个课堂变成思维的海洋，在这里，学生畅所欲言，思维的浪花翻腾不息，想象的花朵瑰丽绽放；在这里，不仅有学生与作品的情感共鸣，还有彼此的思想争鸣，教学的过程就是学生的思维被打开，认识得以提升的过程。比如卢元老师教学《过秦论》，讲到"席卷""景（影）从""响应"的词类活用时，学生问："成语'如响应声''如影随形'是否来源此处？"此问一出，同学们的眼睛一下子亮了起来。而老师的回答更为精彩："这两个成语的最初出自《管子》。可以说，贾谊在本文中紧缩活用了这两个成语，不过，从这里更可以看出'响''景'两个词，是比喻性的状语。"① 随后，卢老师又引入了钱钟书读《过秦论》的三则笔记，以拓展学生的思路，引发争鸣。可见，要唤醒学生的联想与思维热情，教师本身应该具有丰富的积累和充分的准备，这样才能左右逢源、收放自如，学生也会大有收获。

有时候，教师点拨性的语言能够扭转学生的思维路向，让学生在恍然大悟中提升思想认识水平。比如钱梦龙教学《论雷峰塔的倒掉》，当学生们为雷峰塔的象征意义争论得不可开交之时，钱老师轻轻一句"难道雷峰塔非有什么象征意义不可吗？"一语惊醒梦中人，学生一下子理解了文章"借题发挥"的写作特点。钱老师可谓深谙

① 郑桂华、王荣生：《语文教育研究大系》（中学教学卷），上海教育出版社2007年版，第421页。

教师语言艺术的真谛，他在教学《死海不死》时，有一段教学实录很经典，有趣味、有智慧、发人深思：

　　师：……你说说看，这篇课文是说明文中的哪一种？
　　生：是知识小品。
　　师：你说对了。但什么是知识小品，你知道吗？
　　生：不知道。
　　师：知识小品有什么特点，知道吗？
　　生：不知道。
　　师：你都不知道？（生点头）那你怎么知道这篇课文是知识小品呢？
　　生：我是瞎蒙的。（笑声）
　　师：你肯定不是瞎蒙的，你心里肯定有一个关于知识小品的"样子"，而这篇课文正好符合你心里的这个"样子"。是这样吗？
　　生：我心里没有样子。（笑声）
　　师：那你为什么不说它是产品说明书或别的什么说明性文体，而偏偏要说它是知识小品呢？你在说的时候心里肯定有过一些选择的，是不是？
　　生：是的。
　　师：好好想想，你在各种文体中选定知识小品，当时是怎么想的？
　　生：因为它是介绍关于死海的知识的，文章很短小……所以是知识小品。
　　师：说得对呀！知识小品就是介绍科学知识的；文章篇幅又很短小，所以叫"小品"。你看你说出了知识小品的一些重要的特点，你明明知道，怎么说不知道呢？
　　生：这是我看了课文后临时想出来的。
　　师：这更了不起，说明你的思维很敏捷，很有判断力。我早说过你不是瞎蒙的嘛！（笑声）下面请大家再来看看知识小品除了篇幅短小、具有知识性以外（板书：知识性），还有些什么特点。①

这段实录至少有三个方面的可取之处。其一，这是真正的师生对话，因为它在谈笑间推动了学生思维的深入。当学生终于想出了知识小品的特点，钱老师对学生进行了由衷地肯定和激励，这怎么能不激发出学生勤于思考的习惯呢？其二，对学习方法的肯定与指导。老师肯定学生通过读课文来归纳知识小品的特点，接着受过鼓励的学生们又从文本出发，找出了知识小品"趣味性"的特点。其三，最值得提倡的一点是：钱老师从学情出发，使追问成为思考的过程，使发现成为学生自己的收获。在接下来的教学流程中，学生不仅在老师的启发下归纳出了知识小品的三个特点，还根据重要程度为三个特点排出了次序，并得出了知识小品的定义，最后学生从三个特点中选择一个，展开深入学习和探究。整个教学过程，都是以学生为中心，教师的引导步步深入，学生的状态渐入佳境。整堂课都因教师风趣机智的语言而显得兴味盎然。这或许就是钱先生所追求的"从理论上和实践上找到一条通向'不教'之境的桥梁"吧。

（三）用语言唤醒学生的竞争与挑战欲望

营造竞赛氛围、唤醒学生学习的竞争与挑战欲望，有助于调动学生的积极情绪、激活课堂。钱梦龙老师在一堂课接近尾声时说："最后还有一点时间，我还想出个难题考考大家，这可是个'高精尖'的大难题，如果你们怕难，那我们来读几遍课文就算了。"这巧设埋伏的几句话说得同学们摩拳擦掌、跃跃欲试。对学生来说有一定难度的古诗文，有的老师很善于使用这样的语言："这个句子有难度，有没有人愿意尝试翻译一下？"也能造成一种竞赛氛围，唤起学生的挑

---

① 郑桂华、王荣生：《语文教育研究大系》（中学教学卷），上海教育出版社2007年版，第32页。

战欲和求胜心。需要注意的是，在课堂上，教师既要善于唤起学生的挑战欲望，同时还要注意保护学生的自尊心。有的老师上公开课，在让学生起来朗读时，总是问："我们班谁读得最好？"这句话听起来就特别刺耳，因为一个"最好"，反映了老师的教学理念还是以教为主，让学生起来读只是为了"配合"自己的教学设计，这样学生就不敢起来了。但有一次笔者听课，老师这样问："同学们最想听谁朗读？"同样的话，换一种说法，效果就大不相同。这对于推荐者来说，完全是积极主动的，因为是"我最想听谁读"，对于被推荐者来说，甚至是激动、幸福的，因为他明白了自己在同学心目中的地位。一句话激励了一个学生，点燃了全班学生，体现的是教师对学生人文化的关怀，课堂气氛立马就不一样了。

唤起学生的挑战欲，既是为了挑战别人，也是为了超越自己。比如于漪老师教学《卖油翁》，说到陈尧咨善射时，问学生："他射箭的技艺高到什么程度呢？""换个词来说说看。""再说。""还有吗？"在老师的引导下，同学们争先恐后地说出了"当世无双""举世无双""独一无二""盖世无双""首屈一指"等词语，从而联系旧知，丰富词语积累。于老师教学《木兰诗》，在梳理故事情节时，要求学生逐节用四个字来概括，既有趣味性，又有挑战性，学生思维非常活跃，踊跃发言。一堂好课的标准之一是学生要在原有基础上有所进步，所以教师在提要求时，应该注意要略高于学生的思想与认知水平，使学生通过努力，可以自己达到。

（四）用语言唤醒学生的审美与生命体验

在课堂对话中，教师语言的一个重要功能就是切断学生的日常意识，使学生的意识转到审美体验层面，向文本深处迈进，从而领略山阴道上的美丽风光。这就需要教师用语言唤醒学生的审美与生命体验，深化他们对课堂的参与程度。

一位教师执教《闻一多先生的说和做》，其中一个环节是让学生想象一下闻一多先生参加游行时的情景，先写下来，再做口头交流。且看一段实录：

生 1：当时警报迭起，形势紧张，凶多吉少，闻一多先生大无畏地走在游行队伍前头，他挥动着右拳，高喊着"反对独裁，争取民主"。

师：你能挥动着右拳，再现当时的情景吗？

生 1（激动地高喊）："反对独裁，争取民主！"

师：如见其人，如闻其声。好！

生 2：他雄赳赳、气昂昂地高呼口号，眼中充满了对李公朴先生的深情，"李先生究竟犯了什么错，竟遭此毒手"，眼中怒火燃烧。

师：义正词严，直斥敌顽。痛快！

生 3：闻一多先生昂首挺胸、长须飘飘，高喊着："同胞们，这是黎明前最黑暗的时候，只要勇敢向前，光明大门就向着我们敞开！"

师：大义凛然，英勇无畏。

生 4：漫天飞扬的传单，激昂沸腾的人群中有一个人，他紧握拳头，双眉紧锁，紧接着他高呼一声："同胞们，李先生的血没有白流，踏着李先生血的足迹前进吧！"

师：真是"横眉冷对千夫指，狮吼唤醒百万人"！

生 5：闻一多先生走在游行队伍的前头，想到李公朴先生被特务暗杀，不禁怒火中烧，想起反动派如此猖狂，自己性命也危在旦夕，但他还是昂起了头，挺直了腰，拍着胸膛说："来吧，有种的就冲我来吧，偷偷摸摸算什么东西！"

师：人生自古谁无死。

生（激动）：留取丹心照汗青。

师：闻先生是"留下红烛照中华"啊。

师：同学们揣摩的闻一多形象惟妙惟肖，文中闻先生的两声大喊震人心魄，这是 15、17 段的两句话，谁来尝试读一下。

（一男生拍案而起，大喊："你们站出来！你们站出来！"继而三个男生激动地站起分别读）

（师接着范读）

（一生站起读"我们准备像李先生一样，前脚跨出大门，后脚就不准备再跨进大门"。紧接着，一女生激动地读。全班学生都已入情入境）

师：（小结）作为革命家的闻一多先生，他对反对派的揭露与斥责，对革命对人民的呐喊和呼唤，是他的说，也是他的做。他说中有做，做中有说，敢说敢做，敢做敢当。他以生命为代价，实证了他的"言"和"行"。我提议，让我们全体起立，来朗读16—18段。

（生激昂地高声齐读）①

从节选的这段实录中就可以看出，教师和学生都是全情投入。在教师巧妙的引导和简洁中肯的点评中，学生朴素真诚的爱国热情被充分激发出来，他们的情感已经完全投入对文本的理解和对课堂的参与中，真是入情入境，情绪激昂，欲罢不能，教师的结语也是铿锵有力，多用四字句，富有鼓舞性，给人留下了深刻印象。笔者深信，这样的课堂所带给学生的情感冲击和审美体验，将是终生的。

德国哲学家雅斯贝尔斯曾说："教育意味着一棵树摇动另一棵树，一朵云推动另一朵云，一个灵魂唤醒另一个灵魂。"而语文老师"唤醒"学生的重要工具就是课堂语言，具有唤醒功能的课堂语言源自教师深厚的学养，源自教师对教育、对学生无私的爱，也源自教师长期的语言学习、锻炼、积累和反思。具有唤醒功能的语言，宛如潺潺小溪，串联起整个课堂教学流程，最终流进学生思维的海洋；好似绵绵细雨，润物无声，长久滋润着学生的心灵；也像和谐的乐曲，以其舒缓有致的节奏，引起学生情感的共鸣。当然，对课堂语言艺术的追求是一个长期的过程，我们不能苛求教师每堂课上的语言都十全十美，

---

① 张伟忠：《初中语文经典篇目解读与教学》，山东教育出版社2010年版，第517—518页。

但希望每位教师都要用心打造属于自己的精彩，用爱心和智慧来浸润自己的语言，让充满唤醒功能的教学语言成为自己的基本素质。如是，则是学生之幸，教育之幸。

第二节　写作教学的唤醒教育策略

写作教学作为语文教育不可或缺的组成部分，可以说是一种重要的唤醒方式。写作，是运用语言文字进行表达和交流，是认识世界、认识自我、进行创造性表述的过程，同时也是"享受有人情味的和有创造性的生活时必备的能力"[①]。目前，学生写作存在三大困境：一是无话可说，二是话不成文，三是文无个性。要想从根本上解决这些问题，就需要从唤醒教育的角度来重新审视写作教学，通过写作教学唤醒学生的自我意识和创造力，进而把写作与学生的生命体验和精神成长联系起来，这或许是从根本上解决当下学生写作难题的有效手段。

一　唤醒写作欲望，使写作成为学生的内在需要

伏尔泰说："没有真正的需要，便不会有真正的快乐。"学生之所以对写作缺乏兴趣，是因为没有把写作当成自身的内在需要。如果只是为写作而写作，自然不会产生持久的兴趣和动力。事实上，表达自己、渴望交流、认识自我与世界是每个学生成长过程中的固有需要，而写作恰能够满足这种需要。因此，教师在教学中要善于唤醒潜伏在学生内心深处的写作需要和冲动，充分激发学生的写作兴趣，让学生把写作与自身的生活、成长联系起来。一旦学生学会了用写作的方式来表达自己、倾诉渴望，便会把写作当成自己生活乃至生命的必需，不吐不快。

---

① 柳士镇、洪宗礼：《中外母语课程标准译编》，江苏教育出版社2000年版，第474页。

　　然而，长期以来，模式化的作文训练和僵化的评价方式不但难以唤醒学生沉睡的写作欲望，而且严重束缚了学生鲜明的个性，导致学生为题作文、为考作文，而不是为需作文，写作教学呈现出低效、无效甚至负效的结果。因此，写作教学首要的任务，应该是唤醒学生内心的表达需要，使写作成为学生心智自由驰骋、个性尽情发挥、情感自由释放的一种活动。那么，如何才能唤醒学生写作的欲望和需要呢？

　　首先要重视体验。体验包括生活体验（直接经验）和读书体验（间接经验），重视体验，可以从根本上解决学生在写作中无话可说的烦恼。学生无时无刻不处在生活当中，每一个学生都有着自己对生活的感受、认识和理解，关键是老师在写作教学中要善于激活并唤醒学生已有的生活体验，使学生产生一种不吐不快的表达欲望，真诚地记录下自己生命成长的痕迹。在这方面，流行于日本的生活作文教学模式给我们以启示，它在引导学生关注周围生活世界的同时，把培养学生的写作能力与塑造学生的人格结合起来，通过生活作文来发挥人的个性，克服自我缺失，其代表人物芦田惠之助说："阅读之方法即是读自己，写作之方法即是写自己，听话之方法即是听自己，讲话之方法即是讲自己。"① 也就是说，把学生的生活体验与自身的生命成长结合起来，从某种意义上体现了唤醒教育的理念。另一代表人物小砂丘指出，每个人的作文之法就是他的修身、他的历史、他的"个我"的发现。要求生活作文必须要写真实，包括作者内在的真实（即作者的看法、想法、感情、行动的真实）和外在的真实（即自然、人、社会、文化中所含的意义、价值、美、规律性等）。为此要引导学生学会观察，学会聆听。

　　苏联著名教育家赞科夫曾告诫自己的学生："学习观察并不需要到非洲去，也不需要到西伯利亚去，你们只要在屋子边上那块草地上

---

　　① 方明生：《日本教育中的"生活作文"教学思想》，《外国教育资料》1996 年第 2 期。

蹲下来仔细看一看，你们就会发现一个十分惊人的昆虫世界。你们大概不知道蚂蚁会发出声音并能互相'交谈'。蚂蚁的'话'是很轻的，但已经能够用磁带录下来了。也就是说你们可以听到蚂蚁怎样'讲话'。蚂蚁为什么能背起比自己身体重好多倍的东西？人就不可能这样。这同样是个谜。在大自然里每走一步都会出现许多谜。跨出第一步吧……睁开双眼，注意观察，令人惊讶的东西就在你身边。"①作家王小波也说过："生活是天籁，需要凝神静听。"只有学会观察世界，聆听自我，才能不断发现生活的真谛，领略生活的奥秘，产生丰富的生命体验。观察的要点一是要注意细节，二是要注重联系，三是要主动体验。因此，要提醒学生做生活的有心人，在观察和聆听中建立与生活的关系，思考事物之间千丝万缕的联系，得到新的发现，产生"想说"的欲望。

其次要注重发表。喜欢倾诉、交流是人类尤其是儿童特有的心理倾向。文章不单是写给自己看的，学生更希望自己的作品获得读者的肯定与赞誉，而发表是对学生写作的最大尊重和对作品价值的充分肯定。发表有正式、非正式之分，非正式的发表可以称之为展示。只有当学生发觉自己的作品有读者并能及时得到反馈时，他才会产生写作的欲望，并开始真正意义上的写作。在写作教学中，教师应尽量为学生创造展示的平台，提供发表的机会。比如，可以通过朗读、办板报（壁报）、当堂展演、学生互评等方式让学生的作文得到展示；有条件的可以建立班级写作博客，随时发表，多向交流，能极大提高学生写作的积极性。另外，有的学校每个假期让学生把自己一学期以来的作文修改、打印、装订成册，并配以插图，编写前言和后记等，开学后进行展示、评比并择优推荐发表，这一举动大大激发了学生的写作兴趣，唤醒了学生的写作欲望。总之，注重发表能够充分激发学生的写作热情，是一种由外而内的唤醒，使学生由"要我写"转变为"我要写"，使写作真正成为学生的内在需要。

---

① 朱绍禹：《美日苏语文教学》，吉林文史出版社1991年版，第520页。

二　唤醒思考，写作是思维的体操

　　强调生活积累与体验，仅仅是写作的一个方面，如果只是照搬生活、刻意模仿，是写不出生气贯注、义理严谨的文章的，结果只能是干巴巴的"流水账"，话不成文。这种现象在广大中学生身上屡见不鲜，根源何在？笔者认为，关键在于教师的指导并没有唤醒学生对生活的思考，学生所写的只是对生活表象的无动于衷或只鳞片爪的平淡记录。这样的生活没有经过思想的过滤，也不会触动学生的心灵，因此，还是外在于学生的生活。

　　写作是对生活的重新组织和概括提升，其中夹杂着作者的主观感受和对生活的思考与想象。从写作心理学角度来看，写作不是被动的学习和机械的模仿，而是一个主动思考、思维不断得到锻炼的过程。单单强调写作技巧的训练，教给学生各种文体的写作知识与方法，并不一定能唤醒学生的思考与智慧，有时反而使学生舍本逐末，不能用富有个性的言语来表达独立思考的内容，只能借华词丽句来掩盖内容的空洞和思想的贫乏。

　　写作是学生以体验者和思想者的双重身份参与的活动，要想把对生活的片段的甚至是杂乱的感受写成文章，必须使学生能把所感知的生活现象的各个方面融会贯通，在头脑中反复思考、整理，发现事物之间的内在联系，然后，把整理好的思想下笔成文。只有经过这样的训练，学生的思维才会不断得到发展。所以说，写作是思维的体操，一点都不为过。

　　苏霍姆林斯基认为，传统的写作教学存在的最大弊端是语言脱离思维。"学生日复一日，年复一年地重复着别人的思想，却没有表达自己的思想"。他们所写的，"是一些硬挤出来的、笨拙的、背诵下来的句子和词组，它们的意思连儿童本人也是模糊不清的"。① 怎样

――――――――――

　　① 吴立岗等：《苏联教育家改革语文教学的理论和实践》，上海教育出版社 1988 年版，第 32 页。

改变这种状况呢？如果我们把写作过程归纳为三个阶段，即"感于物""得于心""形于文"的话，那么，"感于物"即是对所经历的生活心有所感，情有所动；"得于心"指经过吸纳内化，心有所得；"形于文"即是将自己心中独特的感触、情感、思想付诸文字。这个"内化—外化"的过程，也就是古人所说的从"眼中之竹"到"胸中之竹"再到"手中之竹"的思维过程，而且，这一过程并不是一次性完成的，它需要多次反复。可见，最终落实在纸张上的文字并不是现实生活的复制品，而是更高、更美、更集中、更有表现力的生活，也即艺术的生活；是经由写作者情感与心灵浸润过了的生活，也是经过思维过滤了的生活。所以说，写作需要唤醒学生思想和智慧的参与，它是内化与外化相统一的过程，是学生心灵与生活体验的对话。从某种意义上说，学生作文的水平就是他思想发展的水平，同时，学生的思想可以在反复修改的过程中得到锻炼和提高。为此，要注意以下两点。

一是要有问题意识。当前，学生作文的一个普遍弊端即是缺乏独特感受和独立思考，这跟学生不善于思考、问题意识缺乏有很大关系。古希腊哲学家柏拉图提醒人们："带着更多的问题，而非更多的答案去生活。"对于学生来说，问题是思考的开端。既可以追问自身及心灵，也可以追问社会现象及生活百态。问题不仅可以唤醒、激活学生的思想，也能深化学生对生活的认识，同时解决了学生叙事平淡、说理不透的问题。审视 2011 年的高考作文题目，存在一种趋势，那就是由抒情文体向议论文体的过渡，即着重考察学生的理性思维能力。孙绍振先生认为："不管作抒情性的散文还是规范的议论文，都离不开概念的、逻辑的严密贯通，以及对矛盾的具体分析。"① 也就是说，不只是议论文体需要理性思考，其他文体也同样需要。因此，在日常写作教学中，教师要鼓励学生追问、思考，养成问题意识，提高思维能力，激发潜藏智慧，写作水平自然也会水涨船高。

---

① 孙绍振：《议论文写作：寻找黑天鹅》，《语文建设》2011 年第 9 期。

　　二是要养成精心修改的习惯。叶圣陶说："修改是一种思想过程。"修改不仅是学生重新梳理自己思想脉络的过程，而且是进一步斟酌表达方式的过程，从而使文章意脉贯通，表达准确生动。在修改作文的过程中，学生通过读者的反馈和自我的反思不断进行自我评价和校正，新的感受、思想不断被唤醒，思维水平也得到有效提升。修改是提高作文水平的有效途径，也是写作过程的重要组成部分。从某种程度上可以说，修改的质量重于写作的数量。因此，教师在日常写作教学中一定要重视学生对作文的修改，让学生养成良好习惯；同时，还可以适时地上一些专题性的作文修改课，专题内容如：学生作文改前改后对比，修改的方法和技巧，名家作品修改例谈，等等。另外，作文修改可以考虑以下三种方式：一是学生自改；二是老师批改；三是同学互改。

三　唤醒创造意识，使作文打上个性的印痕

　　当前学生作文中存在一种不良风气，即戏说历史，编造故事，东拉西扯，堆砌词句，脱离自我，矫情滥情，无病呻吟，也就是温儒敏教授所反对的"文艺腔"。这种华而不实的文风经由媒体的传播和炒作，却成为学生纷纷仿效的范本。这不但蒙蔽了学生的真实性情，而且使学生的作文转入了另外一种千人一面，对学生创造意识的培养，有百害而无一利。

　　作文的价值在于创造，但创造并非高不可攀。唤醒创造意识，就是要唤醒学生沉睡的原初自我，解放被禁锢的心灵，从而展现出自己的个性，成为独特的"这一个"。梁启超在一次演讲中说："（文学）艺术的权威，是把（文学）艺术家自己'个性'的情感，打进别人们的'情阈'里头，在若干期间内，占领了'他心'的位置。"① 也就是说，作文只有写出自己个性化的情感，才能真正打动人心。语文课程标准所提倡的"创造性表述"和高考作文评分标准所说的"创

---

　　① 梁启超：《梁著作文入门》，中国工人出版社 2007 年版，第 50 页。

新性表达"并非是让学生一味追求"前人所未言",而首先是让学生不要人云亦云,作文的内容和语言要打上个性的痕迹;其次才是在此基础上进一步锤炼语言,另出新意。

如果说,"展现个性"解决了学生的作文在内容上的创新问题,那么,磨砺语言可说是作文形式上的创造。真正独特的感受,往往是通过个性化的语言来传达的。个性化语言的运用原则是:"凡足以表个性之言动虽小必叙,凡不足以表个性之言动虽大必弃。"① 学生的作文习惯用现成的话语,现成的话语说过多次就变成了陈词滥调,成为自动化语言,反过来对真实独特的感受产生遮蔽。如何打破这种话语圈套呢? 要多向经典文本学习。鲁迅先生说:"凡是已有定评的大作家,他的作品,全部都说明着'应该怎样写'。"② 经典文本之所以不朽,就在于它对现成的老套感受和话语具有了一种突围。因此,要唤醒学生在语言表达上的创造意识,必须引导学生向名作家和经典文本学习,这方面的例子不胜枚举。

综上所述,无论是唤醒写作欲望、唤醒思考,还是唤醒创造意识,都是属于一种由内而外的激活与诱发,着重于解放进而丰富学生的心灵世界。同时,这几个方面相互补充、彼此交融,着力于从唤醒教育的视角来解决当前作文教学存在的问题:既从根本上解决了学生"无话可说"的烦恼,又从唤醒的视角对学生"如何说话"进行了有效的指导。德国文化教育学派的代表人物鲍勒诺夫说:"唤醒,能使主体的人在灵魂震颤的瞬间感受到一种从未体味过的内在敞亮,他因主体性空前张扬,而获得一次心灵的解放。这种唤醒深达人的存在的本性和无意识深处,使心灵不再在习惯的诱因下沉睡,而是在剧烈的震荡中,荡涤尽情感的自然状态,使纯真的心灵获得更新与复活。"③ 因此,在写作教学中实施唤醒教育,适时地唤醒学生丰富的心灵,引

---

① 梁启超:《梁著作文入门》,中国工人出版社 2007 年版,第 50 页。
② 鲁迅:《鲁迅全集》第 6 卷,人民文学出版社 2005 年版,第 321 页。
③ 邹进:《现代德国文化教育学》,山西教育出版社 1992 年版,第 191 页。

导他们在写作中把生命成长的痕迹及时记录下来，那么，无论是对他们自身，还是对整个社会，都是很有价值的。

第三节　教学评价的唤醒教育策略

语文教学评价是语文教学中不可分割的一部分，是学生认识自我、发展自我的实践过程。教育部在 2002 年《关于积极推进中小学评价与考试制度改革的通知》中指出："现行中小学评价与考试制度与全面推进素质教育的要求还不相适应，突出反映在强调甄别与选拔功能，忽视改进与激励功能；注重学习成绩，忽视学生全面发展和个体差异；关注结果而忽视过程；评价方法单一。"所以，课程下的教学评价不仅要注重知识与能力的评价，而且要重视过程与方法、情感态度价值观的评价。具体来说，要确立如下思想：首先，每一个学生都能成功，教学评价就在于给每个学生找到并提供成功的支撑点，使全体学生都有获得成功的机会；其次，每一个学生都有自己的优势智力领域，教学评价要使每一个学生既发现自己的优势智力领域，同时找到自己的欠缺之处，从而协调发展自己；最后，学生的智力发展贯穿于自己生命的全过程，每一个智力领域的发展在不同的生命阶段会有不同的表现，教学评价要放眼于生命的全过程，对于一些暂时不突出的学生，要看到他们智力发展的潜在性。因此，要在语文教学评价中实施唤醒教育，唤醒学生多方面的潜能，鼓舞学生学习的主动性、积极性，帮助学生认识自我，建立自信，走向自我生命的顶峰。

语文教学评价的方式多种多样，包括观察、面谈、课堂问答、写作、练习、问卷、展示、考查、考试、档案袋评价等，对学生的学习动机、知识与能力、情感以及态度方法等多方面进行评价。本文主要从考试评价方面来论述其唤醒教育策略。语文教育是一种唤醒的过程，考试评价作为教育过程的延伸，自然也被赋予了唤醒的功能。新课改以来，考试评价从内容到形式都在逐渐改变原先那种冷冰冰的面孔，变得更加富有人文性，注重唤醒学生的内在体验和生命潜能。所以，成功的考试评价，必然能够最大限度地唤醒学生的生活体验和创新精神。为此，在考试评价中，要自觉地致力于从各个方面、运用多种形式唤醒学生。

一 唤醒学生的知识积淀和生活体验

任何知识，只有当它和学生的生活体验和成长需要建立起联系时，才是具有价值和意义的，是"有用"的，而"知识有用才有力量"（金岳霖语）。考试就是要给学生创设一种应用知识的情境，唤醒他们的知识积淀和生活体验。从这个角度来说，语文试题不必避讳对知识的考查，相反，应加以充分重视，关键是通过巧妙地设置题目，让学生体验到知识的"有用"，以及运用知识所带来的"力量"，从而使语文试题成为沟通知识与生活的桥梁，使答题过程成为学生唤醒并验证自己"人的本质力量"的过程。具体说来，可通过以下途径。

（一）设置情境，着眼于知识的运用

现代认知心理学研究表明，学生对学习内容的认知和学习，与其所发生的情境有密切的联系，它强调学习的真实性、情境性。这种趋势同样反映在考试中。因此，要在具体情境的设置中注重对学生语言实际应用能力的考查。如某市的中考试题：

> 人是城市的灵魂。在建国 60 周年之际，某市正在开展推选城市形象代言人的活动。什么样的人才能获此殊荣？你班的小玺要写一段话来表达自己的看法，请你帮助她，仿照前文，完成横线部分的内容。
>
> 某市是一座水城，城市形象代言人，必须如水一样淡泊，散尽一身浮华；某市是一座__ 城，城市形象代言人，必须如_____。

这道题实际上是一道仿句题，借助于富有地域文化特色的情境，考查学生运用修辞知识进行表达的能力。前半句已经给了学生有效的提示，足以唤醒学生的直接生活体验和地域文化观念，结合后面的填空和仿句，学生就可以在短时间内激活自己的知识储备，把思维聚焦到语言表达上，写下自己个性化的答案。

通过设置情境来考查学生的知识运用能力，在目前的考试评价中比较普遍，因为它可以有效地唤醒学生运用知识解决问题的愿望。设置的情境可以是多种多样的，如时事热点、传统风俗、地域文化、语文活动等，但必须具有真实性，即使是虚拟的，也要合乎情理，不能为设情境瞎编词，要让学生意识到"无穷的远方，无数的人们，都和我有关"（鲁迅语）；意识到无边的生活，无涯的文化，都和语文有关。这样才能真正唤醒学生在生活中学语文、用语文的意识，从而终身受用。

（二）激活积累，唤醒学生的联想和想象能力

这里的积累，既包括生活积累，也包括读书积累。平淡的生活会让人熟视无睹，死板的读书会让人习焉不察，所以，同样的生活、同样的读书，但积累的多少却因人而异。正如牛顿见苹果落地而想到地心引力、瓦特见壶盖顶起而想到蒸汽动力一样，只有善于联想和想象的人，才能有效地调动有关积累，重新组合，形成新想法，获得新知识。理想的考试评价应提供给学生观察、体验生活的新视角，刷新、加深学生对生活的认识，或给他们提供一个重新梳理、整合知识的角度和线索，使他们的知识形成更合理、更适用的分类。例如某市中考试题：

> 读下面一副对联，从下联中任选四个短语，写出短语所涉及的人物姓名，并默写出一句他作品中的诗文句子。
> 沧海日，赤城霞，峨眉雪，巫峡云，洞庭月，彭蠡烟，潇湘雨，武夷峰，庐山瀑布，合宇宙奇观，绘我斋壁；
> 少陵诗，摩诘画，左传文，司马史，薛涛笺，右军帖，南华经，相如赋，屈子离骚，收古今绝艺，置吾山窗。

示例：相如赋——司马相如——"明者远见于未萌，智者避危于无形。"

这道题通过一副对联把文学常识和古诗文默写巧妙地结合在一起，把课内、课外知识结合在一起，其新颖、开放的形式很容易激活学生的读书积累，激发学生的丰富联想，并给学生以审美享受，同时，还利用"示例"给学生提供了新知。这可以说是一种多维度的唤醒。

还有一些题目如连词成句（段）、续写句子（结尾）等，则需要学生唤醒自己的想象能力，如某省中考试题：

写一段包含下面关键词的优美文字，表达你对文章结尾自然段的理解（不超过60个字）。

自然　生命　青春　阳光

这是一道结合文章阅读的连词成段题，学生要联系阅读感受和生活积累，用上限定词语来表达自己的理解，这对学生的想象能力和思考能力都是一个考验。另外如某市中考卷的"探究性学习"题，题目先创设了某地学生来访并参加"夏日话扇"活动的情境，然后分"解说扇用途、辨识执扇人、感悟扇谚语、画扇赠朋友"四个部分，通过续写、选择、简述、描写的方式，多方面考查学生的语文素养，有利于学生唤醒已有的生活体验和读书积累，通过联想和想象，完成对生活、读书和实践的再一次认知。

二　唤醒学生的内心情感和独立思考

梁启超先生说过："用情感来激发人，好像磁力吸铁一般，有多大分量的磁，便引多大分量的铁，丝毫容不得躲闪。所以情感这样东西可以说是一种催眠术，是人类一切动作的原动力。""我们想入到生命之奥，把我的思想行为和我的生命迸合为一；把我的生命和宇宙和众生迸合为一；除却通过情感这一个阀门，别无他路。所以情感是宇宙间一种大秘密。"① 因此，考试评价要渗透情感因素，激发学生答题兴趣，唤醒积极思维。同时，试题应鼓励学生独立思考，勇于发表自己的见解，而不是用刻板固定的标准答案框住学生的思想、用模棱含混的选择题干扰学生的正常思维，也不是用简单武断的评分办法扼杀学生的创新精神。因此，考试中要留给学生体验、思考、想象的空间，为学生提供抒发情感、驰骋思维的平台，让学生在考试中感受到鼓舞和成功的喜悦。

（一）体现对学生的人文关怀

考试评价的表述语言要充分体现对学生的人文关怀，运用富有亲和力的命题语言，唤醒学生的内在情感，使学生由畏惧考试变为享受考试，营造一种有利于学生放松心情答题的氛围。现在不少考试试题，都注重在试题说明中加一段温馨提示或在题干中对学生进行亲切鼓励和情感对话，最明显的变化就是"请"字的频繁出现，表现出命题者尊重学生，努力从学生角度出发设计试卷，在一定程度上可以认为这是学生作为评价主体平等参与评价活动的体现。学生作为试卷"隐含的读者"，正在越来越大的程度上影响着命题者。例如某市中考作文题：

　　轻风微拂，吹皱满怀思绪；狂风呼啸，激荡一腔豪情。风中飘过熟悉的气息，风中传来声声呼唤。风中有几分惬意，又有几分惆怅；有浓郁的亲情、友情，又有不尽的壮怀、雅趣；或许还有……又是一年风起时，这一切就会在心头萦绕，回味无穷……
　　请以"又是一年风起时"为题目，写一篇文章。

提示材料中的关键词是"风"和"情"，以风起兴，触发学生的思绪和情感；用朋友对话的语气，在唤醒学生情思的同时，又注意用

---

① 梁启超：《梁著作文入门》，中国工人出版社 2007 年版，第 49 页。

省略号留下充分的表达空间。其要求是："你可以大胆选择你最能驾驭的文体，写你最熟悉的内容，表达你的真情实感。"这不是一般的"要求"，而是对学生的殷切鼓励和有效指导。这样的提示和要求体现了对学生的人文关怀，使其容易产生情感共鸣，唤醒表达欲望。

（二）注重选文的感染和试题的"召唤"作用

考试试题的选文，应尽量避免选择以下三类文章：一是夸张的煽情文；二是空洞的议论文；三是刻板的说明文。要重点考虑那些散发人性光辉、揭示艺术之美、洞察文化奥秘、体现科学精神等的文章。以某省中考近三年阅读选文为例（见表4-1）：

表4-1　　　　　　　　　　某省中考近三年阅读选文

选文一	选文二
《梦的科学和科学的梦》	冯骥才《苏七块》
《汉字书法对其他传统文化艺术的影响》	陈之藩《科学与诗》
单之蔷《姓氏：不亚于"四大发明"的发明》	张晓风《你为什么拿这一个》

其中"选文一"的文体类似传统所谓的说明文，但实质是一些学术或艺术随笔，内容也不局限于科技，而是从科学、艺术、文化等视角对与学生切身相关的现象所进行的学术探讨，有新意，也有深度。"选文二"侧重文艺作品，《苏七块》是小说，展示市井人物的"各色"的规矩和人性的良善；《你为什么拿这一个》是散文，作者从一件生活小事中感悟到了深刻的哲理；《科学与诗》的作者陈之藩号称台湾的"科学文学达人"，是理工科出身的散文大家，对科学与诗的理解自非常人所能及，给人以深刻启发。这些文质兼美的选文从不同角度向学生展示人生和世界的真、善、美，有着极强的感染力和唤醒力，能对学生的精神领域产生深广影响，并激发其多元反应。

阅读试题的命制，应该在学生阅读文章的基础上，对其内在情感和独立思考形成强烈的"召唤"。如《姓氏：不亚于"四大发明"的发明》后的一道题目："如果要为中国的姓氏申报世界文化遗产，那么请根据文章内容列出申报的主要理由。"通过这样一个假设的情境活动，可以有效激发学生的文化自豪感和独立思考意识，并赋予这一答题行为以现实价值和意义。《你为什么拿这一个》后有这样一道题目："从作者选择水果的理由中可以看出她是个怎样的人?"这种对人物品格的判断题，要求学生整合自己的感性认识和理性分析，从而做出公允的评价。总之，阅读理解题的"题眼"要选择在学生读文后情感的凝聚点和思维的聚焦点上，给处于"愤悱"状态的学生设置一个引流器，把他们被唤醒的情感和思想之流导引出来。

三　唤醒学生的审美意识和创新精神

语文考试应如语文教学一样，要致力于把学生的注意力从"日常状态"转向"审美状态"，从"庸常状态"转向"创新状态"，从而唤醒其审美意识和创新精神，促进其全面发展。

（一）引导学生关注生活和艺术中的美

语文试题应该自觉呈现审美元素，引导学生学会审美。学生的审美意识一旦被唤醒，他们就多了一双用以观察人生和世界的审美的眼睛。近年来出现的读图题，就反映了这一趋势。如某省中考试题：

今年是农历牛年，右图是中国邮政发行的贺岁生肖邮票——欢奔的火牛（图略），请仔细观察，完成下列题目。（1）结合画面中牛的特征写出其寓意。（2）写出含有"牛"字的两个成语。

这枚邮票为人们日常所用，但学生未必从审美角度仔细观察过它，所以提示他们先观察其审美特征，由日常生活中对邮票实用价值的关注转到考试中对它的审美、文化价值的关注。再如接下来的古诗文阅读题：

新　柳

杨万里

柳条百尺拂银塘，且莫深青只浅黄。

未必柳条能蘸水，水中柳影引他长。

1. 诗中的"新柳"有什么特点？

2. "水中柳影引他长"中的"引"字，有什么妙处？

其中对于新柳特点和"引"字的分析，都是从审美鉴赏角度来设置的。分析新柳特点是赏其形态、颜色之美（内容美）；分析"引"字妙处是赏其用字之美（形式美）。从内容到形式，这其实也暗示了一种文学鉴赏的方法。对于诗词鉴赏题来说，抓住其"美点"设题，比起只是让学生解词释句，更能唤醒学生的审美意识，提高其鉴赏能力。

另外，除了以上这些形式，还可以通过选文和命题引导学生直接关注美，表达对美的看法，如某市中考阅读题选取了《约会荷花》一文，主要内容写作者听说霍金要来杭州后的感悟，其中有一题目：

文章说"美就是那么简单"，又说美"不是那么简单的"。请任选一个角度，结合你的课内外积累写一段话，表述你的看法。（不少于80字）

这道题引导学生用辩证的眼光，结合文本关键语句和课内外积累来感悟美、思考美，这对学生形成正确的审美观有着很好的导向作用。还有一些试题选取了反映人性之美、自然之美、科学之美、文化之美或艺术之美等的文章，这本身就有利于唤醒学生的审美意识，值得提倡。

（二）引导学生在创新中展示个性风采

创新是时代赋予教育的重大现实课题，要利用考试评价唤醒学生的创新精神，关键是加大试题和答案的开放性，给学生选择与创新的自由，同时命题者也要不断创新试题的内容和形式。对学生答案创新性的评价标准，重点不在于让学生说别人没说过的话，而在于说出经过了自己的体验、烙上了个性印记的话。如某市中考作文题：

　　"别样"是与众不同的意思。总有一些人，带给我们别样的感受；总有一些景，带给我们别样的情思；总有一些事，带给我们别样的感触；总有一段生活，带给我们别样的体验……

　　请以"别样"为题目，写一篇不少于600字的文章。

　　提倡"别样"，就是鼓励学生张扬个性，勇于创新。这也是对学生生命体验和人生价值的深刻唤醒和引导。

　　另外，考试评价在试题类型和组卷方式等方面也要不断进行创新，一方面会带给学生新鲜感，引发学生的答题兴趣，另一方面对于学生创新精神的培养会起到潜移默化的作用。如某市中考语文试卷，全卷分为三大板块：触摸汉字、轻松阅读、快意写作，其中轻松阅读板块又分为五个部分：观山水之美景、品龙井之香醇、赏白瓷之雅趣、仰大师之风范、沐明月之清辉。这些独具匠心的板块名称不仅体现出了命题者的理念，也有效激发了学生的答题兴趣；既是一种创新精神的熏陶，也是一种审美品位的提升。

　　在语文教学评价中实施唤醒教育，对进一步推进和深化语文课程改革，意义重大。语文教育本质上是一种唤醒教育，唤醒也应该成为语文教学评价自觉追求的价值取向。以上内容从三个方面论述了在语文考试评价中实施唤醒教育的途径和方法，其实这几个方面在考试评价中是相互联系、相互影响的，分开论述只是为行文的方便。另外，这三个方面也不能说就穷尽了唤醒的角度和内容，实际上唤醒无处不在，无微不显，还需要我们结合语文教学评价实践，进行更深入的研究。

第五章

语文教育名家唤醒教育思想探析

通过以上章节对于语文唤醒教育理论的多方阐释，我们大体可以在头脑中勾画出语文唤醒教育的立体图式，从语文唤醒教育所涉及的三个主体——学生、文本、教师，以及语文唤醒教育的三个方面——教育内容、教育方法、教育目的，多方触摸唤醒教育，完成了"唤醒什么""用什么来唤醒""怎样唤醒""唤醒的评价标准""唤醒的基本特点"诸多问题的探究与建构。当我们把目光从刚刚建构出来的理想模型上稍稍移开，投注到现实的语文教育实践领域，我们就在无形当中获得了一种评判与审视的眼光，有了一个重新判定课堂教学状态和效果好坏的标准。当我们带着这种唤醒的眼光和标准重新审视语文课堂教学时，发现凡是效果好、影响大的语文课，无不具有唤醒教育的特征，而那些低效甚至无效的课，学习主体毫无例外都在沉睡状态当中。那么，成功的语文课堂究竟具有怎样的唤醒品质？或者说，好的语文教师是如何实施语文唤醒教育的呢？这一章，我们就选择几位在全国产生广泛影响的语文教学名师，通过对他们的语文课堂唤醒教育的案例分析，为语文唤醒教育理论提供更为有力的现实支撑。

第一节　于漪语文唤醒教育思想探析

于漪是"全国教书育人楷模"，她从教近 60 年，执着于把每个孩子培养成为"有魂有根"的大写的人。早在改革开放初期，于漪的课堂就具备了唤醒教育的基本质素，时至今日，仍值得我们细细品味揣摩、学习借鉴。

　　审视当前的语文课堂教学，有的未免雕琢太多，花架子太多，重外在形式，却忽略了课堂内在的韵律。语文唤醒教育是由外部走向内部，注重唤醒学生心灵和养成学生完美人格的过程。而于漪的课堂就具备了这样的品质：乍看并无出奇之处，一切皆出自天然，没有故意为之的雕琢痕迹，细品之下，却犹如一条潺潺的小河，平静的表面下，水底却是千回百转，时时掀起学生心灵的涟漪。所谓大音希声，大象无形，于漪的课堂教学真正达到了唤醒教育所追求的不教之教的境界。于漪常说，一个教师真正的成长就在于他内心深处的觉醒。其实，对于一个学生来说，对于我们每一个人来说，又何尝不是如此？于漪的教学，立足于学生心灵的觉醒；在她的课堂上，时时涌动着生命的激流；走进她的课堂，我们可以随时听到学生发自心灵的生命的回声。

一　紧贴学生心灵，使学生动情——润物细无声的唤醒与化育

　　于漪说："对准学生心弦弹奏，悦耳动听的教文育人的乐曲就会萦绕在课堂，就会在学生胸际激荡。"[1] 于漪的课堂，就是按着学生心弦弹奏的动人乐曲。在教学中，于漪善于触动学生心灵中的敏感区，营造课堂氛围，使学生动情，进而激发学生的真情实感，唤起学生学习的欲望和热情。比如她教学梁启超的《少年中国说》，先让学生回顾1840—1900年我们中华民族所遭受的灾难，历数受外强侵略的中国所签订的一系列不平等条约，一件件，一桩桩，都是丧权辱国，人民处在水深火热之中。学生在回顾的过程中义愤填膺，教师抓住时机巧妙点明，当时凡有爱国心的人都寻求拯救民族于危亡的道路，本文就是在这样的历史背景之下产生的。在这里，于漪注意在情感上蓄势，使学生进入"愤""悱"状态，从而有利于唤醒教育的实现。在教学过程中，有学生提出："我认为作者用老年人和少年人来比喻国之老少是片面的，他这是把少年人的优点拿来跟老年人的缺点

---

①　于漪：《于漪文集》第2卷，山东教育出版社2001年版，第98页。

比。"遇到这种多元化解读，于漪并不急于评判，不像某些教师经常做的那样，用教条式的理性概括来代替学生的阅读体验，她充分利用学生心动的时刻，鼓励学生自己去阅读、感悟、思考，"体之于身，验之于心"，引导学生从语言文字的丰厚内涵中寻找答案，并使之与自己的阅读体验相对接，从而引发学生与文本的共鸣，在心有所动的瞬间，得到自己的领悟，体会到文本之所以然的动人之处。于漪在课堂上有一句口头禅："何以见之?"就是暗示学生在发表自己观点的时候，要注意回到文本，探究语言，因为学生对文本情感意蕴的理解和把握，必须建立在对文本语言的理解之上。通过让学生再读课文，引导他们细细体味作者当时的情感，感悟作者的爱国情怀，从而使学生情不自禁被作者的满腔爱国之情所感染、陶冶。

于漪主张教学要"紧贴学生的心灵"，这决定了她的课堂是以生为本的课堂。在她的课堂上，学生的活动时间占到80%以上。赞科夫在《和教师的谈话》中说："在课堂上，相当多的时间是被不合理地浪费了。"[1] 而最大的不合理的浪费莫过于让学生在课堂上处于被动、旁观的位置，而没有主动、积极地做学习语文的主人，没有自觉地、兴味盎然地投入到学习活动之中，只是一边"看戏"，一边"演戏"。[2] 这些负面现象在于漪的课堂上是看不到的，几乎她的整个课堂教学活动都以学生为主，紧紧围绕着唤醒学生的心灵来展开。于漪曾教过一个学生，他在作文中从来不用标点符号，于漪几次找他谈话，他都笑笑，不置可否。原来，他认为文章写得好就有水平，标点符号不代表水平，所以才不重视标点符号，爱怎么点就怎么点，有时候，全篇文章只在最后用一个句号。于老师只好在讲评作文时用等速度的腔调一口气读他的文章，读得上气不接下气，有的学生说："老师，你稍微停一停，这样累死了。"于漪风趣地说："我不能停呀，

---

[1] ［苏］列·符·赞科夫:《和教师的谈话》，杜殿坤译，教育科学出版社1980年版，第5页。

[2] 钱理群:《语文教育门外谈》，广西师范大学出版社2003年版，第91页。

我要忠实于作者的原意，他没有标点符号，没有停顿，我不能停啊！"结果全班哈哈大笑。此时此刻，那个学生才领悟到标点符号同样是表情达意的，否则就会胡子眉毛分不清。① 于漪常说"教心必先知心"。"教"就是"觉"，要唤醒学生的心，必先懂得学生的心。她能够如此了解学生，把握住学生的脉搏，能够"对准学生心弦弹奏"，根源于她热爱学生、关爱学生。她学识渊博，和蔼可亲，对学生充满了爱与尊重，用心倾听学生的需求。在教学中，她耐心细致，唤醒学生的真性情，引发他们对真和美的向往，让他们成为真人。于漪老师的课堂，是用爱汇成的一条河，细细地、轻柔地流进学生的心田。

二　唤醒学生主动思考——向青草更青处漫溯

于漪的课堂，是一条流淌着思维与智慧的小河，平静的水面下翻腾着学生奇思妙想的浪花。《论语》云："君子有九思：视思明，听思聪，色思温，貌思恭，言思忠，事思敬，疑思问，忿思难，见得思义。"② 这不仅是对做人的具体要求，而且说明了思考的重要性。只有思考才能形成自己的个性，只有思考才能意识到自我的存在，只有思考才有被唤醒的可能，而"不着眼于让学生'思'，课文便好似浮光掠影，瞬息消逝，学生得益甚微；不着眼于让学生'多思''深思'，学过课文虽也能似雁过留声，但尔后回味甘醇则如黄鹤一去。"③

于漪在教学中善于从学生的问题出发，抓住一个唤醒点来牵动整个课堂教学，在与学生的对话中层层深入文本，形成丰富而完整的课堂教学内容。教学《驿路梨花》时，她问学生："这篇文章看了以后有什么印象？"一个学生答："我认为这篇文章的特点是多处设悬念，非常引人入胜。"等所有学生发言完毕，于漪说："我们就在这些特

---

① 于漪：《语文教学谈艺录（修订本）》，上海教育出版社 2012 年版，第 38—39 页。
② 杨伯峻：《论语译注》，中华书局 1980 年版，第 177 页。
③ 于漪：《于漪语文教育论集》，人民教育出版社 1996 年版，第 100 页。

点当中取其一点来学习——'引人入胜'。请同学们先讲讲这个'胜'是什么意思?"由于是从学生自身的感知出发来学习文本,就极容易唤醒学生的趣味,学生的思维马上被调动起来。所以,语文教师要尊重学生的每一个发问和质疑,抓住契机,适时引导。因为学生对文本的直觉、感悟、疑惑,就是展开唤醒教育的基础和起点。但很多时候,这种感觉常常潜藏或孕育在学生心里,是自发的、模糊的,在还没有经过充分思考和形成足够语感的情形下,稍纵即逝,不能自觉表达出来。而教师的任务,正是将这朦胧的、自发的感悟,引导成为自觉的体察和主动的思考,从而培育学生的语文能力和习惯。于漪在课堂中常常问:"同意吗?""你们是不是跟他的想法一样?""谁知道?说说看。""又有不同意的了。好,你说怎么不同意?"启发性的话语不断把学生的思考引向深入或另辟蹊径。在她的循循善诱之下,学生的思维被唤醒,思想闪烁出灵动的火花,在课堂上彼此交汇、碰撞、博弈、升华,畅通无阻,由此形成了于漪课堂独特的"意脉流",使课堂成为充满生命激情的"唤醒场"。

对于学生在学习中产生的问题,于漪一个都不肯放过。并且,在引领学生逐步深入文本的过程中,巧妙地启发学生自己找寻问题的答案,但也不放弃教师的指导作用,在互动中引领学生向青草更青处漫溯。正如陶行知所说:"我们要反对两种不正确的倾向:一种是将教与学的界限完全泯除,否定了教师领导作用的错误倾向;另一种是只管教,不问学生兴趣,不注重学生所提出的问题之错误倾向。前一种倾向必然是无计划随着生活打滚;后一种倾向必然是盲目地灌输学生给弄成填鸭。"[①] 在语文教育中,我们既不能运用填鸭式灌输,也不能丧失了"先觉觉后觉"的责任与使命。于漪在教学《荔枝蜜》时,一个学生提出疑问:"本文主要是从品尝荔枝蜜然后写到了蜜蜂的高尚品质,再写到农民在酿造生活的蜜,作者为什么在文章的第二节第三节用了较大的篇幅来写荔枝树?可否省去?"于漪提示学生散文的

---

① 罗明等编:《陶行知文集(修订本)》,江苏教育出版社2001年版,第805页。

特点是形散神不散，让学生自己沉浸到语言文字里面，自主思考，寻访作者思想感情的线索。学生通过细读文本，领悟到作者写荔枝树、荔枝、荔枝蜜是一种情感的层层铺垫；而写荔枝树像汪洋大海，蜜蜂酿蜜忙得忘记早晚，从而体现了蜜蜂的勤劳。此刻，于漪又补充道："作者给蜜蜂的出场创造了一个环境。蜜蜂是怎么来的？是从繁茂的荔枝树丛当中，从花香扑鼻的万花当中，飞到我们读者眼前的，这样作品就有了意境，给人以诗情画意之感。"① 在师生的共同探寻中，学生的思维一直处于活跃状态，在教师的引导下，亲身体悟到文本的诗意之美，思考的主动性被唤醒，学生在自我发现与了悟中感受到思维的乐趣。

三　不断唤醒学习的真趣——清水出芙蓉，天然去雕饰

众所周知，学生对学习的"内部态度"往往决定学习的效果，是积极寻求还是消极应付，是兴味盎然地吸收还是无比厌烦地排斥，教学效果大不相同。因此，教师如果把学生学习语文的兴趣唤醒，教学就成功了一大半。但目前的教学，有的教师用一些低级趣味的流俗材料或与语文学习无关的插科打诨来吸引学生的注意力，哗众取宠。表面上嘻嘻哈哈，实质上就像味精一样，虽然有暂时的味道，却没有丝毫的营养。美国现代教育家布鲁纳说："学习的最好刺激，乃是对所学材料的兴趣，而不是诸如等级或往后的竞争便利等外来目标。"② 要以知识本身来吸引学生学习，让学生感受到认识新鲜事物的趣味，体验到克服学习中所遇到的困难的喜悦感。因此，挖掘出知识本身的趣味或者说语言文字内在的趣味，才能真正克服语文课"上与不上一个样""教师指导学与学生自学一个样"的状况，使学生上每一堂课都有所得，学得了新知，发展了能力，内心自然会充满喜悦，兴味就

---

① 于漪：《涌动生命的课堂》，山西人民出版社 2011 年版，第 102—103 页。

② ［美］杰罗姆·S. 布鲁纳：《教育过程》，上海师范大学外用教育研究室译，上海人民出版社 1973 年版，第 10 页。

愈加盎然。学生只有在语文中体会到这种味道，才会真正地爱上语文，进而改变自己的生命存在状态。语文课要教出语文味儿，激发学生的兴趣，就需要教师下功夫挖掘隐藏在语言文字中的唤醒因素。

于漪真正把语文课上出了一种丰厚悠远的语文味儿，她引领学生越过语言文字一望而知的表层，挖掘出潜藏在语言文字中的韵味、情味、意味，让学生在反复推敲钻研中体味到深层次的愉悦感和美感，使雪被下古莲的种子复活。其实，这才是最朴素却又最符合语文本质和规律的教学。比如：《藤野先生》中写清朝留学生丑态的那句"实在标致极了"，"标致"二字所表现的作者对醉生梦死的清朝留学生极端厌恶的感情；《荔枝蜜》中"我不禁一颤"的"颤"字的情感内蕴；《卖油翁》中"沥"字的巧妙运用，等等，这些唤醒质素在于漪的课堂上都变为唤醒学生兴趣的亮点。苏霍姆林斯基说："学习的愿望是一种精细而淘气的东西。形象地说，它是一枝娇嫩的花朵，有千万条细小的根须在潮湿的土壤里不知疲倦地工作着，给它提供滋养。我们看不见这些根须，但是我们悉心地保护它们，因为我们知道，没有它们，生命和美就会凋谢。"[①]　其实，学生自身都有一种潜在的探求未知的愿望，教师需要做的，是百般呵护它，唤醒它，而不是压制、折损它。

新鲜的学习内容能够唤起学生的学习兴趣，学生的智力活动本身能够唤起学生更浓厚的兴趣。语文课堂教学要追求一种高度，也就是说，课堂要有一定的深度和难度，过分简易的知识、机械的训练会削弱学生的学习兴趣，让学生把语文课当成是"休息课"。于漪在教学《林黛玉进贾府》时，对于王熙凤的语言描写："天下真有这样标致的人物，我今儿才算见了！况且这通身的气派，竟不像老祖宗的外孙女儿，竟是个嫡亲的孙女……"并没有停留在王熙凤对黛玉的高规格恭维上，而是把这句话放到特定的贾府人际关系里面去理解，唤醒学

---

① ［苏］苏霍姆林斯基：《给教师的建议》，杜殿坤译，教育科学出版社 1984 年版，第 173—174 页。

生的探究兴趣，引领学生通过这一绝妙佳笔见识王熙凤工于心计、巧嘴利舌的性格特点，从而体会作者入木三分地刻画人物形象的艺术手法，进一步激发学生阅读整部《红楼梦》的浓厚兴味。

有时候，曲径通幽地深入探索难以唤起学生的共鸣，这就需要教师在教学中注意随时联系学生的生活体验，使学生有所感奋。卢梭认为，真实世界恰是摆在儿童面前的大书，充满丰富的知识和学习的乐趣。所以，要让学生自己投入文本，兴味盎然地体会生活本身。如果只靠教师分析、讲解、灌输，则必是言者谆谆，听者藐藐，犹如东风过牛耳。只有亲知亲历，学生才能真正爱上语文。因此，在语文教学中指导学生阅读时，须注意唤起他们生活中的种种体验。于漪教学《花儿为什么这样红》一课，学完课文之后，她带领学生来到校园，让学生相互提问，用所学内容解释校园里各色花儿颜色的成因。不仅避免了空谈，更重要的是，通过在实践中运用所学的奇妙知识——花儿为什么这样红，使学生喜欢上了植物，喜欢上了神奇的大自然，也喜欢上了语文课。这难道不是语文教育所应达到的终极目的吗？

于漪虽然没有从理论层面倡导过唤醒教育，但从她的教学实践和一系列文章中都可以感受到她对唤醒的追求。她对学生和语文的热爱，她在教学中体现出的生命激情和深厚功底，使她成为语文教坛的常青树。以上所列三点，是从唤醒教育视角入手，从她的语文教育思想和语文教学实践中拎取的几个闪光点，仅是"冰山之一角"，但从中也可以看出，唤醒是建构于漪语文教育思想和实践的基石。有研究者说："什么是教育的魅力？就是对受教育者渴望学习成长的满足，就是对受教育者进行文化约束的同时唤醒其生命潜能，解放其内在的生命力。前者偏重知识的引领，后者则是心灵导师；前者容易达到，后者却不容易达到。所谓'经师易得，人师难求'。"① 于漪既是教学实践家，又是教育理论家。从这个意义上来说，她的教学实践是有理性高度的，她的教育理论也是实在真切的。她既以渊博的学识引领学

---

① 于漪：《涌动生命的课堂》，山西人民出版社 2011 年版，第 18 页。

生品味语文之美，又以人师的角色营造充满生命活力的语文课堂，培育大写的人，显示了唤醒教育的迷人魅力。

第二节　钱梦龙语文唤醒教育思想探析

钱梦龙的人生轨迹堪称一个奇迹：仅有初中学历的他，曾经四次留级，却通过自学，在语文教学实践中用心体察，摸索出了一条行之有效的语文教改之路，提出了影响深远的"语文导读法"，成为当代中国语文教育界名师之一，并且至今仍活跃在语文教学的讲台上。为什么仅有初中学历的他却能取得如此大的成绩呢？这其中有一个重要转机，就是在国文老师的关注下爱上了阅读。据他自述，在阅读的过程中，他的理解力、记忆力大大提高，本来视为畏途的数理学科，也不再觉得难了。钱梦龙所取得的成就，基本全靠自学得来，而他的语文唤醒教育理念，也是从他自己的自学经历与教学实践中体悟得来。钱梦龙从自己走过的人生之路中体察到，自学能力对人的一生非常重要。因此，他在语文教学中绝不死填硬灌，把学生当成知识的容器，而是努力唤醒学生内在的求知欲望，使其"自求得之"。他根据自己在求索中的精神需要，去满足学生的精神需要；根据自己认知的心理体验，去引导学生认知的心理体验。自身经验的外在投射，帮他找到了与学生心灵沟通的渠道，也找到了以"三主"（学生为主体，教师为主导，训练为主线）理念为指导思想的语文实践路途。

一　孕育在语文导读法中的唤醒教育理念

钱梦龙的语文唤醒教育思想主要体现在他的"语文导读法"（其理论核心是"三主"理念）之中，其中包蕴着唤醒教育的内涵。"导"，体现了教师的主导作用；"读"，则指学生的阅读实践。"导"

和"读"的结合，体现了教师主导作用和学生主体地位的辩证统一。① 教师着眼于"导"，可以使学生求知的主动精神得到充分调动，由被动转为主动，体现了语文唤醒教育的主动建构性特点。叶圣陶说："导者，多方设法，使学生能逐渐自求得之，卒底于不待教师教授之谓也。"只要唤醒了学生的主动性，那些看似粗枝大叶留有空白的教法反而会取得理想的效果，因为学生的认识活动只能通过他自己的实践和感知，在他自己的头脑里进行，旁人谁也代替不了。朱熹说："学问之极功、圣人之能事，初非有待于外，而修道之教亦在其中矣。"② 因此，要引导学生自己进入语言文字里面去，让学生自主选择学习内容，自己朗诵、涵泳、体会，只有学生的心灵被触动，自觉意识被唤醒，学生的学习才会有主动性、趣味性；也只有亲力亲为，语文知识才能够被真正接受。钱梦龙通过自己的自学经历体悟到，凡是自己喜欢，并且思考过、理解了的东西，都能很容易地记住而理解力的提高，也是学好其他各科的前提条件。因此，他的语文导读法，实质上是唤醒学生的自觉性，让学生自己去学习的方法。教师要"因势利导"。所谓"势"就是学生思维的"走势"，也即学生的思维动向所呈现出来的端倪。学生在自读后提出问题，即是呈现学生思维的"势"。比如学习《一件小事》，一位同学提出了"'我'是不是一个自私自利的剥削者"这一问题。如果教师能认识到这是一个牵一发而动全身的关键问题，是可以抓起全文的一个把手，那么，这个"势"就识得比较准，由是教师的主动性就会调动起学生的主动性。但如果不管学生的思维走势如何，非得按教师讲解的思路走不可，这样教师的主动性就扼制了学生的主动性。钱梦龙所倡导的"导"的艺术，其实质就是"鼓励"的艺术、"激发"的艺术、"唤醒"的艺术，即改变学生的被动学习状态，把学生"导"向一个主

---

① 钱梦龙：《导读的艺术》，人民教育出版社 1995 年版，第 15 页。

② （宋）朱熹：《四书章句集注》，金良年今译，上海古籍出版社 2006 年版，第 24 页。

动求知的情境中去。为了顺势而导，对于偏离学生思维走势的偏难偏深的问题，优秀教师善于把它们做简易化的处理，以求契合学生的心理。钱梦龙教学《故乡》最后一段："希望是本无所谓有，无所谓无的。这正如地上的路；其实，地上本没有路，走的人多了，也便成了路。"这话具有深刻的哲理，如何引导学生理解呢？钱梦龙就从浅处提问："鲁迅先生所指的'路'，只是简单的地上的路吗？"学生略做思考，便得出结论："当然不是。这路还包含人生之路，社会之路。"钱老师接着启发："那么'路'和'希望'之间有何联系呢？"学生进一步思考后，回答说："路是靠人走出来的，希望的实现也是要靠人的奋斗。"钱老师进一步追问："那么这句话的深刻含义是什么呢？"学生水到渠成地得出结论："希望本是没有的，只要我们为之奋斗，便有了希望。"① 这样，一个深奥的问题解决了。像这样的提问，随着问题的步步深入，学生的心灵被一步步唤醒，思考也随之向深处掘进。这实际上体现了孔子启发式教学的思想，要在学生心灵蠢蠢欲动，似醒非醒之际去唤醒他、启发他。因此，要在学生真正需要的时候才帮助他们，教师的"导"，要保持适度，否则过犹不及。

　　如何唤醒学生的自觉性、主动性？那就是靠"训练"。叶圣陶说："学生须能读书，须能作文，故特设语文课以训练之。最终目的为：自能读书，不待老师讲；自能作文，不待老师改。老师之训练必作到此两点，乃为教之成功。"② "训练"，即"做""实践""体验"，它与孔子所说"学而时习之"的"习"以及陶行知的"做中学"思想一脉相承。钱梦龙的语文导读法就是来自于实践、运用于实践，不同于那些缺乏生命力的纯思辨理论和机械重复的试题。钱梦龙认为："训练是一个师生互动的过程。'训'，指教师的'教'（引导、指导）；'练'，指学生的学（实践、操作）……语文素养的核心——读

　　① 窦爱君：《钱梦龙与语文导读法》，国际文化出版公司 2003 年版，第 96 页。

　　② 中央教育科学研究所编：《叶圣陶语文教育论集（下）》，教育科学出版社 1980 年版，第 717 页。

写听说能力的形成，无一不是训练的结果。语文教学若离开了训练，则一切都无从谈起。"① "训练"立足于教师指导下的学生自我活动和实践，其目的是使学生自致其知。德国教育家第斯多惠认为，一个好的教师不应向学生"奉送真理"，而应引导学生去"发现真理"，这种发现真理的能力，学生只有通过求知的训练才能获得。在训练中，学生不仅获得知识，培养能力，发展智力，提高素质，同时，也在训练中激发兴趣，陶冶情操，培养性格，乃至形成世界观。钱梦龙说："除非不练，练就要练得学生一辈子忘不了。"如何才能做到一辈子忘不了呢？他认为，争论是记忆的助手。训练的目的是让学生始终保持对知识的渴望，保持对学习的兴趣，尤其是要始终保持对发展的自觉。钱梦龙说："目前语文教学的通病是'迂回战''外围战'太多，毫无意义的师生问答、完全架空的课文分析、可有可无的教学环节……七拐八弯绕了一大圈，还在外围徘徊。"② 却没有关心学生的心灵，教学活动与学生的心灵无关，还谈何唤醒呢？

　　钱梦龙提出的语文导读法，与其说是一种教学方法，不如说是一种教学理念，一种激励、唤醒、鼓舞学生的理念，以及与之相应的唤醒策略。钱梦龙把叶圣陶的名言"教是为了不需要教"的思想进一步落实，从理论和实践上找到了一条从"教"通向"不教"的桥梁。叶圣陶说："尝谓教师教各种学科，其最终目的在达到不复需教，而学生能自为研索，自求解决。故教师之为教，不在全盘授予，而在相机诱导。必令学生运其才智，勤其练习，领悟之源广开，纯熟之功弥深，乃为善教者也。"③ 又说："教师当然须教，而尤宜致力于'导'，导者，多方设法，使学生能逐渐自求得之，卒底于不待教师教授之谓也。"④ 钱梦龙找到的这个桥梁，归纳起来可以说是五个基本动作：

---

① 桑哲：《语文新课程名家访谈》，山东教育出版社 2010 年版，第 164 页。

② 钱梦龙：《导读的艺术》，人民教育出版社 1995 年版，第 15 页。

③ 中央教育科学研究所编：《叶圣陶语文教育论集（下）》，教育科学出版社 1980 年版，第 721 页。

④ 刘国正编：《叶圣陶教育文集》第 3 卷，人民教育出版社 1994 年版，第 489 页。

认读感知—辨体析题—定向问答—深思质疑—复述整理。通过这一串基本动作，使阅读经历一个由"言"到"意"，由"意"到"文"，又由"文"到"言"的多次反复、逐步深化的过程。考察目前的语文教学，大多依然在采用这一过程。但现在的语文课，教师要么不敢放开，要么没有能力放开，脑子里总有一根考试的弦在紧绷着，或直接或婉曲地传达教参上搬来的绝对"真理"，却忽略了学生内部心灵的唤醒，这样的语文教学无异于是在扼杀学生的灵性。语文教学不应该是强加于人的"绳索"，而应该是在唤醒学生读书、思考、求知的欲望方面多下功夫。

曾有专家说："教学，是教师试图借以尽快摆脱学生的一个过程。"① 这种思想跟叶圣陶"教是为了不需要教"不谋而合，殊途同归。"摆脱学生"，是让学生在学习上趋于独立自主，摆脱对教师的依赖，在性格、意志上成为能够自立的人，以"奋其智力，自致其知"。叶圣陶说："一篇文章，学生也能粗略地看懂，可是深奥些的地方，隐藏在字面背后的意义，他们就未必能够领会。老师必须在这些场合给学生指点一下，只要三言两语，不要啰哩啰嗦，能使他们开窍就行。"② 教学方法本身无所谓优劣，全在乎是否运用得宜。钱梦龙说："最好的教学法，就是那种能够帮助最普通的教师教好最普通的学生的方法。"③ 凡是有利于唤醒学生的心灵、激励学生主动参与的一切方法和手段，"讲"也好，"问"也好，只要不变成死灌和硬牵，都可以而且完全应该纳入"导读"的框架。一言以蔽之：不管大道小道，能够唤醒学生的，就是正道。教学艺术是促使人不断向上的艺术，如果让学生意识到被教，教育就已经失败了。而对人的关切，对人的成长的关切，对人的未来命运的关切，则是一切唤醒艺术的灵感之源。

---

① ［加］江绍伦：《教与育的心理学》，邵瑞珍等译，江西教育出版社1986年版，第4页。

② 刘国正编：《叶圣陶教育文集》第3卷，人民教育出版社1994年版，第518页。

③ 钱梦龙：《导读的艺术》，人民教育出版社1995年版，第39页。

二　创设唤醒情境，锤炼唤醒智慧

训练之外，钱梦龙还善于创设一种唤醒的教学情境，以唤醒学生求知的欲望，激发学生学习的内驱力。只有在自由、宽松、愉悦的课堂环境中，学生才能自我激发，打开心扉，为实施唤醒教育打下良好的心理基础。钱梦龙有一次应邀到某地上观摩课，只见强烈的灯光下学生一个个正襟危坐，过于一本正经的神情透露出内心的紧张。为了缓和气氛，钱梦龙面带微笑走上讲台，亲切地对学生们说："我打个谜语给你们猜一猜，好不好？"瞬时的惊愕之后，学生很乐意地说："好！""'虽然发了财，夜夜想成才'——打一人名，你们认识的。"片刻后，一位学生举手站起，信心十足地猜答："钱梦龙！"顿时，全场欢呼雀跃，紧张气氛顿消，轻松、愉快、和谐的课堂氛围一下子营造出来了，学生的眼神中开始有灵气在闪动。① 还有一次，钱梦龙给初二年级的学生上课，上课伊始，他没有告诉大家要学哪一课，而是指导学生现场演示了鸡蛋在水杯里沉浮的实验，并要求学生运用物理课上学到的关于密度的知识加以解释。学生准确地说明了鸡蛋上浮的原因：清水加大盐量以后密度大于鸡蛋的密度。当被告知即将学习的是《死海不死》一文时，学生马上悟出：这个实验正说明了死海含盐量高因此人不会淹死的道理。随后，钱老师请学生一起出点子：看看这篇说明文究竟该学什么。

"可以学习这篇课文的说明方法和顺序。"

"也可以学习文章的语言。"

"地理书上介绍死海的知识是很简单的，这篇课文写得比较生动有趣。那就可以学习它是怎样把事物说得生动有趣的。"

……②

这时，钱老师才让学生打开课本自读，由于有了前面的铺垫，又

---

① 窦爱君：《钱梦龙与语文导读法》，国际文化出版公司2003年版，第103页。

② 同上书，第93—94页。

共同确立了学习目标，由此唤醒了学生读书、思考的欲望，学生们的读书热情很高。在教学《食物从何处来》时，钱梦龙说："今天早餐我吃了一个烧饼，两根油条，喝了一杯水，后来又吃了一个鸡蛋和一个苹果，谁能告诉我，我吃的都是食物吗？无论说是或不是，都要说出理由。"学生们立刻来了兴趣，他们知道其中必有不是食物的东西，但又不能确指，处于"心求通而未得，口欲言而未能"的"愤""悱"状态，这时老师才让他们打开课本，学生很快从课文里找到了食物的定义。可见，创设唤醒的课堂教学情境，一方面要根据教学的知识内容和思想内容，把握教材的重点、难点来精心设计；另一方面，要根据学生的知识水平与心理特点，找出能激活学生思维的兴趣点，使课堂教学对准学生的心弦弹奏，这都离不开教师的知识、经验和唤醒智慧。

钱梦龙语文教学中的唤醒智慧，源自他丰厚的语文修养。如果自身修养不够，教学方法再讲究，效果也有限；反之，如果自身学养深厚教起来就会左右逢源，事半功倍，能够满足学生的需要。除了上面提到的那位国文老师，引起钱梦龙人生之路发生转机的，还有一位不知名的评弹艺人。钱梦龙小的时候，每天晚饭后都随父母去书场听评弹艺人抑扬顿挫的浅唱低吟。有一次，一位技艺极佳的评弹艺人在献艺中吟唱了一首杜牧的《清明》，明白如话的诗句所展现的"牧童遥指杏花村"的优美意境，加上艺人吟唱时悠远回荡的韵律，使小梦龙听得如痴如醉，心中忽然升起了一种朦朦胧胧的对美的渴望。而诗，在当时的地看来就是最美的东西，从此就对读诗、作诗入了迷，这种对文学的癖好保持了一生。纵观钱梦龙的人生经历，他的成功源于自学，而能够自学的契机都是在偶然的机缘里心灵被唤醒。可见，一个人心灵的觉醒对其一生具有多么重大的意义。钱梦龙就是一个觉醒的人，这种心灵的觉醒使他一生自学不辍，而且使他把这种心灵的感悟运用于教学实践当中，以求唤醒更多的心灵。

第三节　李镇西语文唤醒教育思想探析

1998 年 12 月，在北京举行的"纪念苏霍姆林斯基 80 诞辰国际学术研讨会"上，著名教育家苏霍姆林斯基的女儿、乌克兰教育科学院院士苏霍姆林基卡娅赞誉李镇西是"中国的苏霍姆林斯基式的教师"。听李镇西的课，无论对老师还是学生来说，都是一种享受，一种幸福，感受到的是一种思想自由释放与碰撞、生命不断成长的真实愉悦。钱梦龙曾经这样评价李镇西的课："它们上得太随意、有太多的'不期而遇'和'无法预约的精彩'……它们就像一道山间的泉水，从高处一路自由自在地流泻下来，曲曲折折，琮琮琤琤，随物赋形，无羁无碍。所谓'大音希声，大象无形'，李镇西是在追求着这样一种空灵的境界吧？"之所以达到这样一种境界，正是源于李镇西的教育理念——语文民主教育。

什么是语文民主教育？李镇西说，"语文，正是一门解放心灵、唤醒自我、发展个性的'人学'"，"人的思想、人的感情、人的精神提升，人的个性发展，应该是语文教育的生命。"李镇西的语文民主教育是针对我国语文教育历史上的"伪圣化"（即主流意识形态教育，使语文教育沦为政治教育乃至阶级斗争的附庸）和"语文技术主义"（即急功近利的唯理性教学模式），两者的实质都是"目中无人"，而"目中无人"的语文教育必然远离学生的心灵，甚至扼杀学生的精神，因而是一种专制的教育！① 由此，他打出语文民主教育的大旗，主张"目中有人"的教育。李镇西说："民主教育首先是目中有'人'的教育。真正的教育者理应把学生看作有灵性的活生生的人，而不是教师见解的复述者，更不能成为教师完成课堂教学任务的道具！我们不应把学生的大脑当成一个个被动接受知识灌输的空荡荡的容器，而应看作是一支支等待我们去点燃的火炬，它一旦被点燃必

---

① 李镇西：《李镇西与语文民主教育》，国际文化出版公司 2003 年版，第 41—42 页。

将闪烁着智慧的火花、创新的光芒。"① 从这些论述可以看出，李镇西的语文民主教育，实质上就是一种唤醒教育，所谓民主，就是为学生禀赋和潜能的充分开发创造宽松的环境，并积极鼓励、激发、诱导、唤醒其展示自己的潜能。创新是主动的、自觉的，也只有主动、自觉，才能有真正的创新。因此，语文民主教育就是充满民主精神的语文教育，就是尊重学生各种精神权利的语文教育，就是给学生以心灵自由的语文教育，就是师生平等、和谐、共同发展的语文教育。②

　　叶圣陶在《小学国文教授的诸问题》中鲜明地提出："第一必须认定国文是儿童所需要的学科。……第二，须认定国文是发展儿童心灵的学科。"苏霍姆林斯基说："教育——这首先是人学。"（《把整个心灵献给孩子》）李镇西的语文民主教育与此一脉相承。陶行知说："真教育是心心相印的活动。唯独从心里发出来的，才能打到心的深处。"因此，只有以民主思想唤醒学生心灵的教育才是真教育。可见，李镇西的语文民主教育，其实就是走进心灵、唤醒心灵的教育。李镇西认为，"从'心灵'到'民主'，其实并没有什么本质的不同。因为'民主'本身就是对'心灵'——实质上是对'人性'的关怀"；"每一位学生都有着创造的潜在能力，所以，教师要做的，是提供机会让学生心灵的泉水无拘无束地奔涌。"③ 因此，李镇西的民主，是对一切束缚学生个性、漠视学生权利、不利于学生发展的"规范"的藐视和反叛的民主，是充满人性、人情和人道的唤醒，是为了一切人全面发展的教育，体现了语文唤醒教育的非强制性。李镇西的语文民主教育思想，真正使语文教育由外部走向了内部，在语文教育中表现为指向学生的心灵，深入学生的心灵，揭示了语文教育的唤醒本质。

---

① 李镇西：《李镇西与语文民主教育》，国际文化出版公司 2003 年版，第 59 页。
② 李镇西：《听李镇西老师讲课》，华东师范大学出版社 2005 年版，第 13 页。
③ 李镇西：《李镇西与语文民主教育》，国际文化出版公司 2003 年版，第 57 页。

一　尊重民主权利，唤醒学生心灵

有过教学经历的人会知道：如果一堂课唤起了学生的注意，打开了学生的心扉，就要顺着学生心灵的走势而行，这样才能抵达学生内心深处，激发他们的生命活力；一旦教师要强扭到自己备课时的教学思路上来，师生之间建立起来的心灵沟通就会被打断，这就需要另一个契机的重新唤醒，甚而至于学生的心灵不会再被唤醒。从这个意义上说，教育是师生以心契心、心心相印的活动，是心灵唤醒心灵，生命唤醒生命的过程。李镇西说："不要刻意追求什么'高潮'、什么'热闹'，我追求的关键，是我们每一个人的心，是不是走进了课文。"① 他在教学朱自清的《荷塘月色》时，按照教学计划，在简单介绍了单元重点并提醒学生要重视揣摩语言之后，就应正式进入《荷塘月色》的学习，而学习的第一步应该是介绍朱自清的生平。但此刻，教师的话题已经说到通过揣摩语言而进入作者心灵，学生的心灵走势已经到了这里。于是，李镇西临时决定先不介绍朱自清，而是从这里直接切入课文："比如，今天我们要学的《荷塘月色》，就值得我们好好揣摩品味……"② 有时候，教师就是需要跟着感觉走，跟着学生的心灵走，一旦唤醒了学生的心灵，就要一直前行，引领他们去欣赏林荫道上的美景。

以民主的态度逐步唤醒学生的心灵，还表现在学生在语文学习过程中遇到问题时，教师要及时调整、改变自己的教学思路，有针对性地解决学生遇到的问题。这是真正尊重学生的表现。李镇西曾说：

如果现在让我重教《孔乙己》，我可能会从学生问的第一个问题开始，虽然这些问题也许并非是教学重点，但这是学生急于解答的问题，教师没理由回避；我当然也会提问，但我的问题则

---

① 李镇西：《听李镇西老师讲课》，华东师范大学出版社 2005 年版，第 5 页。
② 李镇西：《李镇西与语文民主教育》，国际文化出版公司 2003 年版，第 190 页。

尽可能地融入和学生的平等讨论之中。语文课有多种上法，不能定于一尊，但我追求一种自然、潇洒与"随意"，我不愿意把教案设计得太"精确"，而愿意课堂上有一些"突发情况"——这最能激发我即兴发挥的教学灵感；不要把课堂填得太满，留一些空间给学生，留一些空白给自己。教学的流程随课堂现场的情况而自然推进，教师"教"的思路和学生"学"的思路融为一体，教师和学生不知不觉地走进对方的心灵，同时也走进课文的深处。

在课堂教学中，出现问题，解决问题，课堂才能显示出来自学生心灵的真正活力，满足学生的需要，使如一潭静水一样的课堂气氛变为活跃的激流。李镇西的课堂，总能够最大面积地让学生参与其中并最大限度地唤醒学生，尊重每一位学生，让其都能得到发展。比如，为了让作文课更有吸引力，李镇西对课堂进行了一定的包装，每次作文课都由十来个小板块组成："榜上有名""佳作亮相""片段欣赏""咬文嚼字""出谋划策""教师试笔""昨夜星辰"，等等。而且，每次根据作文题目，具体板块也不完全一样；同时，每次学生的作文情况不同，课堂上学生的随机活动也随之变化。这样，每次作文课都充满了悬念，极大唤醒了学生上作文课的兴致。上他的作文课，学生就像过节一般高兴。

当前的一些课堂，特别是公开课，往往不顾学生的需要，为了获得所谓的好名次不惜上成虚假的表演课。李镇西经常上公开课，也曾经在学生的心灵与社会的"好评"之间徘徊过，但最终他选择了勇敢面对学生的心灵，宁愿尊重学生心灵上一堂有争议的课，而不愿意违背学生心灵上一堂公认"完美"的课。有一次公开课后，学生们兴奋地说："我们从来没上过这么真实自然的公开课！"这是学生对教师的中肯评价。

二　营造民主氛围，唤醒学生思考

李镇西的语文民主教育提出了课堂师生关系的新境界，那就是——共享。李镇西对此打了一个形象的譬喻：共享宛若"面对美味食物，师生共同进餐，一道品尝；而且一边吃一边聊各自的感受，共同分享大快朵颐的乐趣"①。在共享的课堂上，师生平等地享用，又平等地交流，双方都会感到一种思想交锋的酣畅淋漓和精神交流的兴奋愉悦，这种伴随着情感流淌与思想飞扬的语文教育，才是真正深入人心的唤醒教育。李镇西在参加全国教学大赛公开课时教学《在马克思墓前的讲话》，一开始就说："听说同学们已经学过这篇文章了，那么，重新学习你们有没有新的发现呢？我建议我们今天以一种新的方式来学习这篇课文，争取有新的发现和新的收获。用什么'新方法'呢？用马克思的精神来学习有关马克思的这篇文章。"然后，李镇西在黑板上写出一句马克思的座右铭："思考一切。"② 接着，李镇西引用了马克思的战友威廉·李卜克内西对马克思的评价："他是一个彻底正直的人，除了崇拜真理之外他不知道还要崇拜别的，他可以毫不犹豫地抛弃他辛辛苦苦得到的他所珍爱的理论，只要他确认这些理论是错误的。"这就是李镇西的语文教育理念，也是他一直传递给学生的一种思想，以此来唤醒学生主动思考的精神。随后的课堂，就成了学生主动思考的海洋。一切都不是预设的，但一切都是学生的心灵所真正需要的。到快下课的时候，有位学生提出了一个出乎意料然而又非常有价值的问题："恩格斯为什么要说'他的英名和事业将永垂不朽'？为什么要用一个'将'字呢？"同时，又有学生以苏联解体和东欧剧变来质疑这句话。这是课文中最后一句敬辞，一般情况下很容易被忽略。李镇西因势利导，抓住这个"将"字，以解释恩格斯的这句话为契机，深情地阐述了恩格斯对共产主义必胜的信念，并

---

① 李镇西：《李镇西与语文民主教育》，国际文化出版公司 2003 年版，第 70 页。
② 同上书，第 208 页。

饱含深情地说:"如果马克思、恩格斯能在这世纪之交,亲眼看到自己所创立的科学理论被中国人民的实践注入新的活力而蓬勃发展,那该多好啊!"李镇西讲得动情,学生听得动容,全场立即报以热烈的掌声。① 这是多么成功的人文思想教育啊,也是一个"以道悟文"的生动教学案例,使学生感悟到革命导师恩格斯是如何深刻地把他对于共产主义事业的坚定信念,通过一个"将"字,流传千古,照耀后世。这一个副词的作用是多么的深邃而又伟力无穷啊!

只有思考才能唤醒思考,在语文课堂上,学生思考的火花只能用教师思考的火花去点燃。不能设想,一个迷信权威、毫无创见的教师,会培养出敢于质疑、富于创新的学生。在《荷塘月色》一文的教学过程中,当学生说喜欢文中《采莲赋》一段时,李镇西说:"同学们知道吗?这一段在过去的高中课本里却是被删去了的啊!"接着说:"我认为,原来的教材删得对!为什么?道理很简单,因为这一节与全文的中心并不太吻合。"学生大脑中的思考火花一下子被点燃,学生们来不及举手,七嘴八舌地辩驳,步步深入地领会作者真实的思想情感。最后有位学生说:

　　"他引用《采莲赋》,描写采莲时热烈活泼的生活,本身就说明他因内心的苦闷而产生的对自由快乐的向往。因为作者说'可惜我们现在早已无福消受了'。"

　　"好极了!"教师忍不住赞叹,"可见作者的这一段关于采莲场面的描写是不能删去的,因为它恰好反衬出作者对现实生活的失望。是吧?"②

可见,教师、文本、学生三者的碰撞、交融,就会奏出美妙、和

---

① 李镇西:《李镇西与语文民主教育》,国际文化出版公司 2003 年版,第 219—223 页。

② 李镇西:《李镇西与语文民主教育》,国际文化出版公司 2003 年版,第 198 页。

谐的语文交响乐。这样的课堂，学生的求知欲望将得到满足，思考意识被唤醒，不断迸发出智慧的火花。李镇西曾幽默地说："55 个脑袋就强于 1 个脑袋！"这表露出他始终尊重学生，把自己置于和学生平等的地位，不以权威自居的民主思想。

三　崇尚民主精神，唤醒生命成长

李镇西认为民主精神就是自由的精神、平等的精神、法治的精神、宽容的精神、妥协的精神。民主精神贯穿在李镇西与学生课堂交往的每一个环节当中。目前语文教育的最大弊端，就是对学生精神的束缚和压制。当前学生思考力的弱化、想象力的匮乏、创造力的缺失，已经到了令人震惊的地步。因此，语文课堂不能为了达到教师自己教学过程的"完美"而无视学生精神的自由，让学生成为自己表演的道具。李镇西语文课堂教学的价值取向只有八个字——"读出自己，读出问题"。所谓"读出自己"，就是唤醒自身体验，与作者的情感、作者的体验产生共鸣，以自己的心去契合作者的心。而文本作为精神产品，其中包蕴的普遍人类价值与作者的生命体验使"读出自己"成为可能。所谓"读出问题"，就是当自身体验与文本所表达的内容产生冲突时，要去主动研究，唤醒思考，与之争鸣，以获得新的见解。这也就是建构主义所主张的，在"同化"与"顺应"中获得新的知识和经验。在这个过程中，学生的认知得以唤醒和发展。李镇西课堂教学中的这种返璞归真、化繁为简的做法，使语文课堂教学摆脱了那种搞花架子，把简单问题复杂化的倾向，使语文课堂教学回归到本真状态。比如他在教学徐志摩的《再别康桥》时，讲解并不多，只是一遍遍地引导学生朗读，学生在朗读的过程中，逐渐感受到了美。第一遍，学生读得并不好，但随着朗读次数的增加，他们越来越逼近诗的灵魂。一堂朗读课下来，不少以前不喜欢诗的学生，现在却发现了诗歌的味道。通过这节课，学生不再是从前的自己，诗情被唤醒，生命得以成长。

长期以来，学生的心灵被牢牢地套上了沉重的精神枷锁，总有一些善良的教师不知不觉地甚至是"好心"地损害着学生的尊严和情感，于不知不觉间进行着唯师是从的思想专制，戕害了学生原本对语文的良好感觉。作家陈燕丹曾这样评论上海《萌芽》杂志发起举办的"新概念作文大赛"："让我吃惊的是，那些在拾到一分钱的主题上开始写作文的孩子们，一旦给他们一个自由的空间写作，他们还是会迅速地洗尽铅华，表现出一个原生的自己，那些长长的句子，那些欲说还休的情致，甚至是那些与作文训练格格不入的词库，他们在作文的覆盖下还有一个秘密的写作世界。"这说明学生沉睡的心灵一旦被唤醒，他们与生俱来的创造精神就会复活，思想自由飞翔，感情纵横驰骋！课堂教学又何尝不是如此？李镇西在借班上公开课的时候，总是跟学生们说："请大家带一颗平常心来上今天的课。"所谓"平常心"，就是一颗不为外部功利所拘的真心。比如在教学穆旦的《赞美》时，本来学生并不能完全读懂这首现代派的长诗，而且，他们普遍不喜欢表达爱国之情的现代诗歌，然而奇妙的是，经由李镇西在钢琴协奏曲《黄河大合唱》的伴奏声中深情地朗读，学生竟然一下子就领会了诗的情感，抓住了它的精神魂魄，内心被深深打动。但教师的讲解依然不多，而是让学生亲身去体验，"读出自己"。只在诗句的表达技巧上，针对学生读出的问题，师生共同研讨，以打开学生理解的封闭状态，唤醒学生的情感。再通过朗读加深对文本的理解，最后一句"然而一个民族已经起来！然而一个民族已经起来！"重重地敲击着全班学生的心灵。最后，教师以这么一段话结束了教学：

　　　　这首诗，会让你们体会到什么叫作真正的民族精神，而这种民族精神今天在相当多的中国人那里已经失落了，不知当代中国还有多少人还热爱着我们的民族？现在的中国，到处是醉生梦死！而与此同时，许多民工领不到工钱，有时候甚至不得不以跳楼的行动来讨回本来属于自己的一年的血汗钱！还有不少农民仍然在贫穷中生活，从这个意义上说，一个苦难的民族还在受难！'等待着，我们无言的痛苦是太多了'……但愿这种痛苦在我们的手中在我们这个年代结束!①

教师激昂悲愤的声音与钢琴协奏曲《黄河大合唱》气势磅礴的旋律交织在一起，许多听课教师和学生都禁不住流下了眼泪。这么一首原本并不好讲的长诗，却通过创设情境，唤醒学生的体验，在不知不觉中抓住了学生的心，最后达到了意想不到的教学效果。从这个意义上，我们或许可以说，语文教育是一件奇妙的事情，只要尊重学生，打开学生的心扉，解放并唤醒学生的心灵，激发学生的思考，他们就会不断地给你带来惊喜。

以上分析了三位语文名师的教学案例所体现的语文唤醒教育理念，因为篇幅关系，难免挂一漏万。其实还有很多语文教师，他们也一直在致力于孜孜不倦地唤醒学生，进行着唤醒教育的实践。虽然他们不一定有着理论上的自觉，但他们的实践是可贵的，并且会不断丰富唤醒教育的内涵。笔者也希望有更多的语文教师主动去研究、实践唤醒教育，提高自己的职业幸福感。

---

① 李镇西:《听李镇西老师讲课》，华东师范大学出版社2005年版，第172页。

第六章

语文唤醒教育的具体运用
——经典文学作品解读示例

为伊消得人憔悴
——《诗经·卫风·伯兮》的思念主题赏析

思念是诗歌中永恒的文化主题，《诗经·卫风·伯兮》就是描写思念的一首古代爱情诗。诗歌从一位女子的视角出发，描写她对征战在外的丈夫的思念之苦，情感激越流动，诗情奇崛不平，其"媚情奇趣"，使全诗灵气灌注。

> 伯兮揭兮，邦之桀兮。伯也执殳，为王前驱。
> 自伯之东，首如飞蓬。岂无膏沐？谁适为容！
> 其雨其雨，杲杲出日。愿言思伯，甘心首疾。
> 焉得谖草？言树之背。愿言思伯，使我心痗。

诗一开篇就以"伯兮"唤起，可见女子对丈夫爱之深与思之切。"伯"本是兄弟间排行的第一位，也就是老大、大哥，这里专用为妻子对丈夫的爱称，表明这位丈夫平日里对妻子体贴入微、照顾有加，就像一位敦厚的大哥在照顾一个可爱的小妹。"揭"（音 qiè），雄健英武的样子；"桀"同"杰"。"伯"不但心地善良、疼爱妻子，而且英俊潇洒、武艺超群，是邦国中少有的豪杰。"伯也执殳，为王前驱。""殳"（音 shū），古代梃杖类的长兵器，竹制或木制，长一丈二尺。能够执殳而为王之前驱，必然担任的是周王室旅贲的官职，属于地位较高的中士级别。至此，一位壮健英武、才智出众的贵族男子形象跃然纸上。这样的男子谁不爱恋呢？"伯"符合了当时社会对优秀男子或者女子佳偶的价值评判标准，他不但是妻子的骄傲，也是国家的骄傲。这一部分透露出女子对丈夫由衷的敬佩，这恰是后面几章刻画女子苦苦思念丈夫情状的一个缘由与前提。

　　然而，这样一位优秀的男子，却不得不撇家舍妻随王出征。从此，妻子在家独守空房，陷入了深深的相思之中。"自伯之东，首如飞蓬。岂无膏沐？谁适为容！"这四句因其体现了民歌的朴拙与体验的真实而脍炙人口，成为全诗的亮点。自打丈夫去东方打仗，女子茶饭不思，甚至再也不梳妆打扮，任凭头发凌乱，如同蓬草。"蓬至秋则根脱，遇风则乱飞"。头发是女性身体最富装饰性的部分，也是体现女性特征的重要部分，但是丈夫不在身边，女子竟顾不得这些了。这是女性对自己美丽的暂时性毁坏，表明了她对其他异性的封闭，也表明了她对丈夫的忠贞。而用蓬头垢面形容懒于梳洗的思妇，这样的体验若非一一捱过，怕也不能道出。在爱情的衬托下，蓬头垢面的形象不但不显得伧俗，反而具有了一种朴拙之美。下面进一步解释：难道没有面膏、发油之类的东西吗？不是的！而是自己深爱的人不在身边，又打扮给谁看呢？

　　周代对女子的仪容有着非常严格的要求，《礼记·内则》中有对女子仪容的详尽规定。如"妇事舅姑，如事父母，鸡初鸣，咸盥漱，栉，縰，笄，总，衣绅，左佩纷帨，刀，砺，小觿，金燧，右佩箴，管，线，纩，施絭帙，大觿，木燧，衿缨，綦屦。"这套烦琐的程序说明周代对女子的仪容已由规定而形成了一定的习俗，人们对自身外表是否整洁、得体非常在意。而《伯兮》中的这位女子，自从丈夫走后，日夜思念，已无心去做任何事，任由头发凌乱得像蓬草。可见女子对爱的痴迷专注，已经到了忽略社会习俗的程度。而等待出征丈夫的归来，几乎是她生命中唯一有意义的内容。这种女为悦己者容的思想，在后代诗歌中也时有体现。如"自君之出矣，明镜暗不治。思君如流水，何有穷已时"（汉徐干《室思诗》）；唐杜甫《新婚别》则更为彻底："罗襦不复施，对君洗红妆。"皆是体现了女子对深爱之人的忠贞不贰，与《伯兮》可谓一脉相承。

日日思君不见君，女子终于由思念渐至忧思成疾。《诗序》说："《伯兮》，刺时也。言君子行役，为王前驱，过时而不返焉。"在思念至极、神思恍惚中，女子用卜辞"其雨其雨，杲杲出日"来表达盼夫归来的渴望。其思念之切，宛若大旱之盼甘霖，但却事与愿违。《十三经注疏》曰："人言其雨其雨，而杲杲然日复出。犹我言伯且来，伯且来，则复不来。"犹言女子盼望丈夫归来就像旱时盼望雨泽一般，可是天气老是晴，丈夫却总是不归。如此热切的盼望，强烈的情感，让女主人公内火攻心，头痛脑涨。然而"愿言思伯，甘心首疾"，宁愿头痛也要思念，心也是甜的，所谓甜蜜的忧愁。两种对立的情感体验在爱的前提下走向统一，极言爱之深，思之苦，情之痴。

最后一章是感情的进一步升华，为伊消得人憔悴。因为丈夫离家的时间太久，这忧愁已经使得痴情女子不堪重负，她希望自己能够忘忧，"焉得谖草，言树之背"。谖草即萱草，又名黄花菜、金针菜、忘忧草，是一种常见蔬菜，又是常用中草药，有安神、镇静、治疗失眠的作用。女子想要忘忧，便想在后庭种上忘忧草，以使自己摆脱相思的煎熬。可是到哪里才能找到忘忧草呢？确实，人世间根本就不存在真正能使人忘忧的草，一个"焉"字早已流露了这层意思。这就揭示出女主人公的思念已经到了坠入情网而不能自拔的境地。想要忘忧，恰恰是因为无法忘忧、无力忘忧。"愿言思伯"在后两章中反复咏叹，直抒胸臆——"我想念您呵！"从"首疾"到"心痗"，想念到头痛，想念到心痛，想念到因痛而病，女主人公因相思而被抛置于无边的孤独与伤痛之中。这正是相思入骨，除伯归来无药可救也，而伯的归来却又遥遥无期。正所谓"此情无计可消除，才下眉头，却上心头"。

清方玉润在《诗经原始》中评价《伯兮》云："始则'首如飞蓬'，发已乱矣，然犹未至于病矣，继则'甘心首疾'，头已痛矣，而心尚无恙也，至于'使我心痗'则心更病矣，其忧思之苦何如哉！"这首诗首章重写其本事，次、三、卒章重写其情思，层层递进地展现了女子思念心上人无法排解的痛苦。因为等待在外征战的丈夫，与一般的别离相思是不同的，其背后有着很深的忧惧。潘岳《寡妇赋》以本诗为典故，有云："彼诗人之攸叹兮，徒愿言而心痗……荣华晔其始茂兮，良人忽以捐背。"正是揭示了诗中未从正面写出，而又确实隐藏在字面之下的对丈夫最终不能归来的忧惧。明白了这一点，我们才能真正理解第三、四章所描写的女子的期待、失望与难以排遣的相思之苦。

对生命本体存在的千古追问
——《诗经·王风·黍离》主题的哲学解读

3000 多年前，在希腊帕尔纳索斯山的南坡上，有一座闻名遐迩的戴尔波伊神庙。文献记载，在神庙入口处，刻着一句耐人寻味的箴言："认识你自己！"人们普遍认为这句格言就是阿波罗神的神谕。在古希腊，人们常常来到圣谕之处，渴望能找到自己终极的命运，或是寻求在某种特定状况下应该采取的行动。从哲学角度而言，迄今为止困扰全人类的无非是两大难题：我是谁？我从哪里来、到哪里去？前者是对生命本体存在的追问，后者是对生命存在意义和价值的追问。其实，在我国先秦时期，我们的祖先早已提出了这一哲学命题，其中，《诗经·王风·黍离》就是一首体现诗人对生命本体存在进行终极追问的至情之作。

> 彼黍离离，彼稷之苗。行迈靡靡，中心摇摇。知我者，谓我心忧；不知我者，谓我何求。悠悠苍天！此何人哉？
> 彼黍离离，彼稷之穗。行迈靡靡，中心如醉。知我者，谓我心忧；不知我者，谓我何求。悠悠苍天！此何人哉？
> 彼黍离离，彼稷之实。行迈靡靡，中心如噎。知我者，谓我

心忧；不知我者，谓我何求。悠悠苍天！此何人哉？

　　全诗共三章，每章十句。三章结构相同，只在前四句更换六字，后六句则完全相同，重章复沓，凸显主旨。更换的六个字"苗""穗""实""摇""醉""噎"，两两押韵，体现了随着植物生长和时光流逝，诗人心绪的变化。诗中的具体物象只有"黍"和"稷"。"黍"，即黄米；"稷"，为糜谷。它们都是北方随处可见的农作物，是民之主食。文献记载，"黍"有馨香之味，"稷"具形长之美，二者形、味并具，往往被人们选为祭祀之物，体现了古人以自然之美为选取标准的审美价值取向。"离离"，庄稼一行行排列整齐的样子。每章前二句，"黍"老是一行行地长着，而"稷"，却经历了由苗到穗，由穗到实的生长过程。"黍"之"离离"为静态，较"稷"之变态，其中蕴蓄诗人情绪变化之缘由。如此，诗人赋予黍稷以时光更迭、岁月流逝的象征意味，从而引出第三、四句诗人由彷徨忧愁渐至哽咽难言的愁苦心境。

　　黍、稷本是无情之物，却是勾起诗人对生命存在的无限愁思的引子。"行迈"，即行走。"靡靡"，即迟迟，指行走缓慢。诗人缓步行走在荒凉的小道上，不禁心旌摇摇，满怀惆怅。而面对郁郁葱葱的庄稼由苗而穗、由穗而实，在匆匆的时光中由盛而衰、由绿而黄的迅速变化，诗人的忧思也随之渐趋加重，内心由"摇摇"（忧苦不安，无所诉）到"如醉"（忧愁犹如醉酒般不能自持），由"如醉"到"如噎"（哽咽难言，不能喘息）。如此，"行迈靡靡"之常态，"中心"（即心中）之非常态，揭示诗人情感之变化，低回婉转，寄情极深，诗人心境之"忧"显露无遗。

　　诗人究竟为什么而忧虑和悲伤呢？三章的后六句采用复沓手法，反复吟唱，流露出人生于天地之间宿命般的孤独感，以及由无法排解的孤独而引发的生命终极追问。"知我者，谓我心忧；不知我者，谓我何求。"对于诗人的这种忧愁和焦虑，理解他的人知道是因其始终没有能够为"我是谁"的思考找到答案，知道他内心充满了忧虑和悲伤；而不理解他的人还以为诗人在人世间有什么贪婪的野心或世俗的需求没有得到满足！忧愁怅惘尚能承受，令人不堪的是这种愁思却不能被外人理解。这是众人皆醉而我独醒的尴尬，亦是心智高于常人者的悲哀。这种大悲哀诉诸人间是难有回应的，只能质之于天："高远而辽阔的苍穹啊，独立于天地之间的人究竟是一种怎样的存在？"苍天自然无法回应，此时诗人的忧思和郁懑便又加深一层。此六句反复咏叹，虽然在形式上完全一样，但在一次次反复中加深了沉郁之气。这是歌唱，更是痛定思痛之后的长歌当哭，一唱三叹，可谓悲情淋漓。

　　纵观《黍离》全诗，作者巧妙地选取同一物象不同时间的表现形式，完成了时间流逝、情景转换、心境忧虑三个方面的发展，在迂回往复之间表现出诗人不胜忧郁之状。在任何时候、任何情况下，"时光匆匆"都意味着人生短暂和死亡的步步紧逼与不可避免。因此，诗人所忧虑和悲伤的，不言而喻也就是源自"时光匆匆，人生短暂"的人类终极寻求。可是当人面对死亡时，就会突然发现一切都是虚幻，一切都把握不住，就会发现自己是如此的不堪一击，没有什么事物可以依赖，也没有什么事物可以代人挡过此一劫。在死亡面前，人是如此绝对的孤立无援，人的理性和思维只能坠向疑惑和痛苦的深渊，进而发现过往的自己是那样的陌生，从而就出现"我是谁"这一宿命式的千古之问。

　　然而，人本是一个孤独的存在，无知庸众尚谓我何求，知音何在？唯有长歌当哭，向天而问。"悠悠苍天！此何人哉？"这一问，体现了诗人意欲超越这人生困境的努力，也是诗歌的慑人力量之所在。此后，"问天"也成为一个中国诗歌的主题意象。正如司马迁所云："夫天者，人之始也；父母者，人之本也。人穷则反本，故劳苦倦极，未尝不呼天也……"透过诗歌"问天"的意象，我们可以感受到作者对命运和生命的无限忧思。这种忧思只有"知我者"才会理解，可这"知我者"是何等样的人呢？答案自然亦是无解，但这永恒的追问，却成为后世诗歌的不朽主题。只要人类生命存在，这种追问就不会停止，千载而下，仍会不断引起后人的共鸣和思考。

纵浪大化：最本真的生命存在
——陶渊明《饮酒》（其五）的审美意蕴

陶渊明（365—427），又名潜，字元亮，号五柳先生，浔阳柴桑（今江西九江）人，东晋著名隐逸诗人。曾祖陶侃曾因战功官至大司马，他出世时，家境已然没落。陶渊明少时有"大济苍生"的壮志，但在森严的门阀制度下，29 岁方得出仕，曾任祭酒、参军等微职，十多年里时隐时仕。40 岁任彭泽令，在官 80 余日，因"不能为五斗米折腰向乡里小儿"，遂解职而归，从此彻底走上了归隐的道路。陶渊明在诗歌创作上的最大贡献，就是他为中国文学增添了一种新的题材——田园隐逸诗。但更可贵的是，诗人在这类题材的创作中，以冲淡清远之笔开创出一种自然、泰然之美，营造了一种高雅的审美境界，其中透示出诗人"纵浪大化中，不喜亦不惧"的人生态度，传达出诗人追寻融入自然至于天人合一境界的生命选择。

> 结庐在人境，而无车马喧。
> 问君何能尔，心远地自偏。
> 采菊东篱下，悠然见南山。
> 山气日夕佳，飞鸟相与还。
> 此中有真意，欲辨已忘言。

陶渊明《饮酒》诗共二十首，本篇为第五首，其创作时间为公元 403 年秋冬之际，距离陶渊明辞去彭泽县令正式归隐（公元 405 年）相隔两年。但此时，陶渊明内心已深种归隐之意。组诗前面有个小序："余闲居寡欢，兼比夜已长，偶有名酒，无夕不饮。顾影独尽，忽焉复醉。既醉之后，辄题数句自娱。纸墨遂多，辞无诠次。聊命故人书之，以为欢笑尔。"可见，这些诗都是酒醉以后所作。"既醉之后"应该是不清醒的,可是诗句并没有任何不清醒的感觉。因此,饮酒的寓意:一是酒后吐真言;二是孤独,取屈原"众人皆醉吾独醒"之语,反其意而用之。在他看来,人生日常的清醒意识也是一种束缚,难免心为形役。只有酒醉之后,才能摆脱外在的压力,消除内在的欲望,才能获得最大的自由,进入自在、自如、自得的物我两忘的审美境界。

"结庐在人境,而无车马喧。""庐",本义特指田中看守庄稼的小屋,往往和茅草屋顶联系在一起,刘备拜访的诸葛亮的住所就是"茅庐"。这个"庐"字和后面的"车马"是对立的。晋时高官显宦往往高车驷马,往来招摇,所谓"车马喧"是指豪门贵族之家门庭若市的情景。这里潜在的意味是:虽然住所很简陋,但是,不管多么华贵的车马,对诗人来说就是没有感觉。再说"人境",作为一个尘世中人,诗人的居所除了能盖在人间,还能盖在哪儿呢?诗人用"人境"二字,其实是把自己和现实人间隔开了一段距离。陶渊明生活在晋、宋交替的大动乱时代,政治黑暗,社会动荡,民不聊生,各种矛盾突出。在如此不堪的"人境"里,他却能远离尘世的喧闹繁华与混杂吵嚷,体悟到"人境"无"喧"的佳境,从而营构了一片未被尘世浸染的净土,实现了一种审美化的生存。

"问君何能尔?心远地自偏。"为什么能够身处"人境"而无"喧"呢?是因为"心远"。"远"的对象是官场,更进一步,是远离世俗,超凡脱俗,在精神上对争名夺利的尘世采取疏远、超脱、漠然的态度。只要心灵远离了尘俗,便觉住所也偏离人世,清净无扰了,在精神上抵达一种非常悠然、飘然、超然的生存境界,就像诗人所创造的那个远离人间烦忧的"桃花源"一样。陶渊明的"心远",使他在喧闹的"人境"中即可体悟到"无车马喧"的宁静与乐趣,能够充满诗意地生存于现实当中。

心灵远离世俗之后,其归宿究竟在哪里呢?"采菊东篱下,悠然见南山。山气日夕佳,飞鸟相与还。"诗人用简淡的意象为我们营构出一个生生不息的大化之境。"菊"历来作为一种性格孤高,傲然独立，洁身自好的谦谦君子形象被歌咏和塑造，《离骚》说"朝饮木兰之坠露兮，夕餐秋菊之落英"，"秋菊之落英"即代表一种高洁的品格。诗境中有菊，更增加了一种清逸之感。一个"采"字，既写自然的采摘，又兼及人生的选择。诗人采菊东篱，无意间抬头，视线正与远处的南山相触。诚如东坡所言："采菊之次，偶然见山，初不用意，而境与意会，故可喜也。""见"这一似有意而无心的主体神态，将采菊东篱的悠逸之人与山间黄昏的淡泊之景沟通融会起来，使整首诗物我浑然幻化为一体，这是无心的自然兴会。"悠然"不仅属于人，也属于山，人闲逸而自在，山静穆而高远。李白说"相看两不厌，独有敬亭山"，表达的就是一种物我两忘的境界。黄昏时，南山的景色在晦明变化中呈现出万千气象，一切都显得那样和融、浑朴，充满生机，这正是大自然的本色。"飞鸟相与还"写群鸟因倦飞而相伴返巢，恰如"云无心以出岫，鸟倦飞而知还"，这是一种自然的、自足的、自由适性的生命意识的本真体现。在这生机盎然、鲜活灵动的情境中，不仅显示了万物运行井然有序的内在节奏，触及了大自然的生命律动，而且蕴含着一切顺乎自然的生命理趣，从而形象地诠释了生命存在的本质和意义。

"此中有真意，欲辨已忘言。"结尾两句，既点破了全诗的意趣在一个"真"字，又留下不尽之意让读者去体味。"真"即自然，自然之道，自然之性，它是一种澄明无遮蔽的生存状态。"真意"即自然的意趣，是生生不息、机趣盎然的生命本然，是天地万物各得其位、各得其所，是超脱外在局限、返回自身的自在之处，是最率真地、符合本性地生存……凡此种种。如此的"真意"，可谓诗人对生命存在、对人生真谛的根本领悟。虽然它只可意会不可言传，但它却可以将我们引领到一种从永恒的立场看自然万物的"天人合一"境界里去，这个境界是一个洁净空阔的世界，是人类苦苦寻求的最本真的生命存在，此刻，除了静默，我们还能做什么呢？

人间至情的追寻与寂灭

——陶渊明《闲情赋》赏析

如果说陶渊明是他那个时代的另类，那么，《闲情赋》则是他诗文中的另类，无论风格还是思想内容都极独特，与其他作品截然不同。在人们的心目中，"采菊东篱下，悠然见南山"的五柳先生是何等的飘逸，何等的洒脱，但在《闲情赋》中，他却摇身一变，成为一个人间至情真爱的炽热追求者，其率性任真不亚于历史上任何一位浪漫的情痴情种。梁昭明太子萧统在《陶渊明集序》中说："余爱嗜其文，不能释手；尚想其德，恨不同时。故更加搜求，粗为区目。白璧微瑕者，惟在《闲情》一赋。扬雄所谓劝百讽一者，卒无讽谏，何必摇其笔端？惜哉，无是可也！"萧统对陶渊明其人其诗文大加赞赏，但却把《闲情赋》视为"白璧微瑕"，只因"卒无讽谏"，反倒大写特写男女情爱，乃是囿于时代的局限。在我看来，陶渊明却是个真性情的人，无论其生平为人还是其诗文创作，其最大特点可归结为一个"真"字，这个"真"是自然本真，是率性任真，表现在爱情上，便是至情至性。《闲情赋》正是这种率性任真的自由心态的真实表露，是作为个体生命的真实自我的生动表达。恰是因为陶渊明把这种至情至性表现得如此细腻，如此真诚，如此具有人性与美感，他才能赢得后世读者的感动，使《闲情赋》成为最能充分体现陶渊明浪漫精神的奇文。

全文共一百二十二句。前二十六句步步深入地描绘出一位光彩照人、遗世独立的佳人形象。"何瑰逸之令姿，独旷世以秀群。表倾城之艳色，期有德于传闻。"佳人不仅风姿绰约、秀丽绝伦，可谓倾城倾国、绝艳殊色，更是"淡柔情于俗内，负雅志于高云"，具有超逸世俗的雅志与柔情。弹起古琴来的神情，则"瞬美目以流眄，含言笑而不分""神仪妩媚，举止详妍"，真乃"此人只合天上有，人间哪得见一回"。陶渊明描摹出这么一位有着绝世之美的奇女子，正表现了他爱情品味的高逸，超凡脱俗。他理想的爱人不是只能同甘共苦的同伴，而是能解高山流水的知音。

面对这样一个冰清玉洁的奇女子，诗人"意惶惑而靡宁，魂须臾而九迁"，紧接着以九十二句的篇幅写自己由动情而溺于情，最终又困于情的情状。全篇最精彩的是以十"愿"十"悲"铺叙详写愿得和患失的心绪，构思奇妙，而又极为真实，使人有杂彩纷呈、目眩神迷的感受，可谓神来之笔。

愿在衣而为领，承华首之余芳；
悲罗襟之宵离，怨秋夜之未央！
愿在裳而为带，束窈窕之纤身；
嗟温凉之异气，或脱故而服新！
愿在发而为泽，刷玄鬓于颓肩；
悲佳人之屡沐，从白水而枯煎！
愿在眉而为黛，随瞻视以闲扬；
悲脂粉之尚鲜，或取毁于华妆！
愿在莞而为席，安弱体于三秋；
悲文茵之代御，方经年而见求！
愿在丝而为履，附素足以周旋；
悲行止之有节，空委弃于床前！
愿在昼而为影，常依形而西东；
悲高树之多荫，慨有时而不同！
愿在夜而为烛，照玉容于两楹；
悲扶桑之舒光，奄灭景而藏明！
愿在竹而为扇，含凄飙于柔握；
悲白露之晨零，顾襟袖以缅邈！
愿在木而为桐，作膝上之鸣琴；
悲乐极以哀来，终推我而辍音！

为此美人，诗人甘愿化己身为美人衣之领、裳之带、发之膏泽、眉之墨黛、身下之席、足下之履、白日之影、夜晚之烛、手中之扇、膝上之琴。"领"在美人华首之下，衬其面庞，作者愿为其衣之"领"衬美人端庄；柔软之"带"缠绕于纤身，如缠绵的思慕将美人环绕；"泽"隐于发间，就像作者甘于在幽暗的角落观美人之光鲜；"黛"只为美人瞻视时眉的轻轻一扬，如同作者甘于等待美人偶然的一顾；"席"安弱体于床榻，作者化为莞簟只为美人安眠；"履"虽在足下，却可伴美人缓步而行；日之"影"随美人之身同现，随美人之身同隐；夜之"烛"燃尽自己只为照美人玉容红妆；"扇"拂习习凉风，"琴"流潺潺轻音，作者愿解美人之烦闷，伴美人以怡情。此十喻象，皆为美人周身之物，将平时无法触发人们审美联想的日常细节写入文中，质朴浅近而又柔美婉约。

作者将爱慕化作炽热深婉的"十愿"，却也只是一厢情愿，想象落回现实之刻，随之而来的是苍凉怅然的"十悲"。悲之所来，皆承前之所愿，悲之所至，愿终为泡影。让我们来解读这"十悲"：昼夜更迭，夜晚宽衣而卧本为平常之事，然"怨秋夜之未央"足见作者难挨长夜漫漫，故一愿终结；天气冷热、季节交替非人力所及，可作者也无法忍受随更衣而除带、文茵以代御，故两愿又终结；高树成荫、扶桑日出，本是自然万物欣欣向荣之景，可带给作者的是影之不见、烛之奄灭的哀伤，颇有以乐景写哀情之意；而最后的"乐极以哀来"化用了道家"物极必反"思想，用哲学道理终结了最后一个愿望。当一"愿"不成，心有不甘，遂再生一"愿"，作者将"愿"与"悲"交织来写，从而揭示出理想和现实在诗人内心所引起的深刻矛盾与落差。希望与失望、喜悦与悲伤交替而来，由浅入深地描绘和渲染，将对美人的爱慕写得缠绵悱恻，淋漓尽致。作品以浓重的笔墨叙写男女爱慕相悦之情，于自然任真的风格之外，一反陶渊明诗文质实淳朴的一贯风貌，以绮丽词采和细腻笔法写出了微妙的情感活动及内心思绪，给陶渊明冲淡朴素的诗文风格渲染了一点异样的鲜艳色彩。

在世人的眼中，陶渊明是一个超然世外的形象，他是那般孤傲，那般冷峻,那般静穆。但从《闲情赋》中,我们看到的则是另一个陶渊明,他至情至性,热烈而执着,宛若一个热血、多情的少年,或许,这才是他性格中更为本质的一面。梁启超在《陶渊明之文艺及其品格》中说:"第一,须知他是一位极热烈有豪气的人";"第二,须知他是一位缠绵悱恻最多情的人";"第三,须知他是一位极严正——道德责任心极重的人"。《闲情赋》在艺术风格上已达到了至情至性至美的极境,辞情并茂,含蓄着一种独特而朦胧的魅力,在古今中外的爱情诗史上创造了一座不易逾越的高峰。

凡俗人世间一抹生命的亮色

——李商隐《无题·昨夜星辰昨夜风》赏析

李商隐的七律《无题》诗共有八首,是其诗歌中最有魅力也最负盛名的作品,代表晚唐诗歌的最高成就。所谓"无题",就是"无可命题"之意,因为诗中之意不可明言,作者才借"无题"以寄意。1000多年来,人们试图探清李商隐无题诗的内容主题,但事情似乎反而变得愈加扑朔迷离,不仅无题诗的主题众说纷纭,而且无题诗的创作时间、背景等许多问题似乎都难以断定了。作家王蒙说,李商隐无题诗中"确定与确定放在一起产生的效果是不确定,明白与明白放在一起产生的效果是曲奥与艰深"。或许,诗人正是通过这种独特的朦胧的意境、绵邈的情思、精丽的语言、凄婉的情调来传达一种无法言说的心绪吧!

> 昨夜星辰昨夜风,画楼西畔桂堂东。
> 身无彩凤双飞翼,心有灵犀一点通。
> 隔座送钩春酒暖,分曹射覆蜡灯红。
> 嗟余听鼓应官去,走马兰台类转蓬。

这首《无题》诗所描述的是一段不期而遇的爱恋,它发生在一个通宵达旦的宴席上，这是一个再平常不过的官场交际活动，从"隔座送钩""分曹射覆"（"送钩""射覆"均为酒宴上的游戏）看来，那个女子大约是其中一位陪酒歌伎。但正是这位女子，却和诗人在一片嘈杂之中，共同享有一份温情；正是这位女子，在诗人颠沛黯淡的凡俗岁月里留下了一抹生命的亮色。首联交代了故事发生的时间、地点："昨夜星辰昨夜风，画楼西畔桂堂东。"在星辰满天、凉风习习的昨夜，在画楼和桂堂之间，两个人第一次相遇。"昨夜"重复两次，不仅在音调上形成了回环往复的美感，而且，它提醒我们这是属于他的一种追忆：诗人与女子初次相遇的那个美好时刻怎会被轻易忘记？只会令诗人反复回味。这份美好的记忆如同夜空中闪烁的"星辰"一样，将永远铭刻在诗人心头，也永远如发生在"昨夜"一般清晰、温暖、亲切。然而，诗人又是在反复告诫自己，这场美丽的相遇已然如"风"一般成为过去，"昨夜"再也无法重现了，甜蜜中有着淡淡的哀愁。"画楼"，彩绘华丽的高楼。"桂堂"，用桂木构筑的厅堂。诗人用饱蘸深情的笔墨勾画出一个富丽典雅的环境，使得这一相遇充满温馨的诗情和缠绵的意境。两个方向词，"西畔""东"，瞬间使二人相遇的地点模糊不明，可见，这确是一场不期而至的邂逅。

"身无彩凤双飞翼，心有灵犀一点通。"颔联用两个生动形象的比喻抒写自己的身心感受，满腔的情意喷泻而出。"身无彩凤双飞翼"慨叹人不如鸟，因不能比翼双飞而深感苦恼。"彩凤"，有彩色羽毛的凤凰。"身无"显示出没有那灿烂辉煌的凤翼是多么让人遗憾悲伤。"心有灵犀一点通"因与意中人心灵相通而感到欣慰。传说犀牛是灵异之兽，犀牛角中心有一条白纹如线，上下相通。人们从牛角的表面却看不到这条白纹线，故而以此比喻热恋的男女双方暗地心意相通，心心相印。肉身是沉重而局限的，既不能像梁祝那样化蝶双飞，也不能像萧史、弄玉那样乘鹤而去，但在诗人与女子心中却涌动着一条相通的河，所谓"形相隔，心相通"。目光与目光相遇的一刹那，诗人心底犹如电光闪烁般被照亮，那是一种生命感觉被激活的悸动，那是一种在生命幽深之处偶然相逢的喜悦。"身无"是现实的情形，

"心有"是精神的遇合。用"身无"之遗憾衬托"心有"之幸运，把身体之明无而心灵之暗通表达出来，使这一联显得波澜迭起摇曳生姿。

颈联"隔座送钩春酒暖，分曹射覆蜡灯红"是对宴会场面的描写。《风土记》载："义阳腊日饮祭之后，叟妪儿童为藏钩之戏，分为二曹，以校胜负。""送钩"，即藏钩，将钩藏于手中叫人猜，不中者罚酒，猜时分两方，所以叫"隔座送钩"。"分曹"，分成对儿。"射覆"，覆器下放物，令暗猜之，以猜中与否决定胜负。诗人在一片喧闹与嘈杂声中，与那位跟自己有着相通生命感觉的女子心相通，意相连。诗人说"春酒暖"，被罚了酒不但不懊恼，反觉酒是暖的，其实是"心有灵犀"带给诗人的暖意。又说"蜡灯红"，"红"字点出诗人被温情包围时的心灵底色。他们在苍茫无边的时空罅隙中相遇了，没有言语，只用含情的目光彼此问候。一切是如此的亲切，每一个细节都不会被遗漏，每一个细节里都有深深的感动和无限的依恋。然而，生命的照亮仅仅是瞬间，如同划过天际的刹那烟花随风飘散。春酒已经饮尽，也许永远不会再有；蜡灯已经熄灭，也许永远不会再次被点亮。但那种温情和暖意，将永远留在诗人的心中。待一切嘈杂都消逝隐去，咫尺之隔，无异天涯之遥，只剩下星光闪烁、微风轻拂，只剩下温暖的酒和摇曳的灯。

"嗟余听鼓应官去，走马兰台类转蓬。"尾联又回到现实。"听鼓"，指听到官府值班的更鼓声。唐制：五更二点，鼓自内发，诸街之彭承振，坊市之门开启，鼓响天明，即须应差。片刻的温情之后，应衙的鼓声响起，诗人被迫从充满悸动和喜悦的情绪状态中剥离出来，重新跌入一如既往的沉沦之中。"嗟"字指诗人既惆怅于时不再来的那次相逢，又慨叹于自身的辗转流离。"兰台"，指秘书省。汉代藏图书秘籍的地方叫兰台，唐高宗时改秘书省为兰台。此诗当作于李商隐辗转幕府多年，为母守丧后重回秘书省任职之际。"转蓬"，飘摇不定的蓬草，比喻自己漂泊无定的生活和心绪。曹植《杂诗》中有"转蓬离本根，飘遥随长风"之句。诗人在官场流转不定，心灰意冷，所以说"类转蓬"。"昨夜"之后，生命再次像飞蓬那样在茫茫浮世中随风起落，飘于无地，寻不到一点质感。那曾经的尚未远逝却永不可再追的温暖，让他难耐当下的凄凉。梦想的烟霭，充满朦胧之美，轻而易举就被现实的一阵风吹散。除了嗟叹与追忆，诗人还能做些什么呢？

这首诗呈现了一次美丽邂逅的情感历程，正如梅成栋所说"昨夜星辰铸心刻骨之词，千秋情语，无出其右"。诚然，人世间有无数性情相契的人错落在了时间和空间的无情罅隙中，纵使偶然相逢，也仅为这凡俗的人世间徒留一抹生命的亮色。但那种无须语言阐述的境界，却有着值得一个人在世间活下去的温馨与真情，虽然，所有的往事都会成为过去，都会成为或甜美或艰涩的昨夜星辰昨夜风。

难以言说的生命况味与体验

——李商隐《锦瑟》赏析

锦瑟无端五十弦，一弦一柱思华年。
庄生晓梦迷蝴蝶，望帝春心托杜鹃。
沧海月明珠有泪，蓝田日暖玉生烟。
此情可待成追忆，只是当时已惘然。

李商隐（813—858），字义山，号玉溪生，又号樊南生，河南沁阳人，是晚唐最著名的诗人，与杜牧合称"小李杜"。19岁以文才深得牛党令狐楚的赏识，引为幕府巡官，并经令狐绹推荐，25岁举进士。次年，李党的泾源节度使王茂元爱其才，辟为书记，以女妻之。此后，李商隐便在牛李两党争斗的夹缝中求生存，辗转于各藩镇幕府中过着清寒的幕僚生活，郁郁不得志，终生潦倒，46岁便忧郁而死，他的朋友崔珏在挽诗中写道："虚负凌云万丈才，一生襟抱未曾开。"这首《锦瑟》，堪称李商隐诗集中的压卷之作。据说，写这首诗时，李商隐45岁，妻子王氏已经去世。李商隐命运偃蹇，人生失意，其悲观、痛苦、失落的心绪始终找不到一个可以依托心性的人诉说，唯将一腔心事付诸锦瑟。

首联"锦瑟无端五十弦，一弦一柱思华年"为总起。"锦瑟"，装饰华美的瑟。"五十弦"给人一种细密繁复的感觉，一般的乐器没有这样多的弦。据《汉书·郊祀志》记载："泰帝使素女鼓五十弦瑟，悲，帝禁不止，故破为二十五弦。"因为每一弦为一个音调、传递一种情感，如此繁复的音调与婉曲的情感，却令人情何以堪？"五十弦"之"锦瑟"，竟糅合了如此哀伤的神话传说！诗人在"锦瑟"与"五十弦"之间加以"无端"二字，可谓诗眼。"无端"，犹言"没来由地""无缘无故地"，此诗人之痴语也。锦瑟本来就有那么多根弦，这并无过错，诗人却硬来埋怨它：锦瑟呀，你干什么要有这么多条弦？要有这么丰富的曲调呢？诗人只因心中有郁积、胸中有块垒，却反过来责怪锦瑟牵引起他心中的愁与恨。"无端"二字传达了一种难以言说的情绪，既说不清也道不明，全诗也便笼罩在这种难以言说的情怀之中。沉淀在内心的郁闷本是平静的，可是一经锦瑟撩拨起当年的回忆，就有一种不堪回首的感觉了。诗人触物自顾，叹韶华如水，不知不觉，已近半百；轻拨慢捻，无边心事，一弦音一柱传，声声催人起追忆；一琴瑟，一自我，物我玄会，一弦一柱，一心一思，同奏一曲心声。每一弦每一柱的抚弄都引起了对往事的追忆，所以下面接着便说"思华年"，用"华年"二字与前面"锦瑟"相应，既可见"华年"之美好，更可见"华年"之消逝值得珍惜，也更增加了今日回思时的哀感。华年中纵有那么几度繁华，也毕竟如流水落花般消逝了，留下的，只是寄寓在锦瑟中难以言说的生命体验和百感交集的人生况味罢了。

颔联、颈联四句，分别运用四个典故，摹写了"思华年"的具体内容。然而，这四个用典，都不是用其"本事"，而是在"本事"之外，赋予了隐晦曲折的情感内容，使读者无法确切把握其核心诗旨。而生命中的百般滋味与体验，不就是这么欲说还休、难以言传的吗？"宋代西昆派诗人杨亿称赞《锦瑟》"味无穷而炙愈出，钻弥坚而酌不竭"。《锦瑟》之所以有如此魅力，和颔颈二联的独特用典息息相关。"庄生晓梦迷蝴蝶"用的是"庄周梦蝶"的典故："昔者庄周梦为蝴蝶，栩栩然蝴蝶也，自喻适志与！不知周也。俄然觉，则蘧蘧然周也。不知周之梦为蝴蝶与？蝴蝶之梦为周与？"（《庄子·齐物论》）不过，《庄子》之本意是以此寓言阐述一种"均物我，外形骸"的天人合一观念，在这种情景里，庄生即蝴蝶，蝴蝶即庄生，人与蝴蝶同体，飘飘然身若无重，恍恍然心若无物。但诗人在这里所传达给读者的，似乎有更多的情感内涵。他在这个典故之外，又加了两个字："晓梦"之"晓"字，与"迷蝴蝶"之"迷"字。"晓"字暗示梦境之短暂，"迷"字暗示梦者之痴迷。蝴蝶梦虽美，但毕竟是短暂的、虚幻的。为本就是短暂、虚幻的蝴蝶美梦而沉迷，幸耶？悲耶？人生即幻梦，幻梦即人生，更加重了人生不过如梦幻一场的悲剧感。

"望帝春心托杜鹃"用望帝魂化为杜鹃的典故：望帝是传说中周朝末年蜀地的君主杜宇。杜宇禅位退隐，不幸国亡身死。死后魂化为鸟，名为杜鹃，每在暮春啼鸣，以致口中流血，啼声哀怨凄悲，动人肺腑。为什么望帝退隐了却还有这么深的哀怨呢？为什么要把"春心"托付给"杜鹃"？在唐诗中，"春心"只有在描述自然景观时才与春天有关。在描述感情时，则特指男女恋情。扬雄《蜀王本纪》记载："蜀王望帝，淫其相臣鳖灵妻，亡去，一说以惭死"，化为子规鸟。（《四库全书·子部·杂家类·杂考之属·通雅·卷四十五》）杜鹃啼血隐含着的不仅是绝望而且是不能明言的恋情。因此，"望帝春心托杜鹃"的"春心"是一种多情的、依恋的心，是对于故国怀念的心，是一种秘密恋情的悲痛，是一种复杂难言的怅惘之怀。一个人怀念过去的一切，说希望再回去，所以杜鹃鸟的叫声是"不如归去"。可是过去的事情，永远都回不去了，失落的也永远得不到了，极言其年华已逝、往事不可追的伤痛。而将"春心"托付给无心的"杜鹃"，这本身就是一种缥缈虚妄！

"沧海月明珠有泪"，《博物志》记载："南海外有鲛人，水居如鱼，不废绩织，其眼泣则能出珠。"《文选》的注解说："月满则珠全，月亏则珠阙。"古人认为海中蚌珠的圆缺和月的盈亏相应，所以把"月明"和"珠"联系起来；又有海底鲛人泪能变珠的传说，所以又把"珠"和"泪"联系起来。当沧海上月明之时，珠是圆的；珠虽然是圆的，可是又像泪点一样。又有"蚌病成珠"之说：蚌吞食了沙子等不洁之物后非常痛苦，在柔软的肉质和沙的砥砺中，蚌不断地分泌液体，包裹沙粒，以期医治巨大的疼痛，慢慢就形成了珍珠。珍珠之美丽为人所欣赏，然对蚌而言乃痛苦的结晶。可见，诗人把珠拟人化，表明珠由泪所化，不仅具有一种凄凉的美感，而且，明月映照之下宝珠盈盈有泪的景象，让读者深刻感受一颗历尽磨难的心灵所蕴藏的那份悲苦寂寥。"蓝田日暖玉生烟"，《长安志》中说，"蓝田山在长安县东南三十里，其山产玉，亦名玉山。"蓝田山在日光的照耀下，蕴藏于其中的玉气冉冉上升，但美玉的精气远察如在，近观则无。司空图云："戴容州谓诗家之景，如蓝田日暖，良玉生烟。可望而不可置于眉睫之前也。"实际上就是可以远观，却不可近察，也就是朦朦胧胧的感觉，它确乎存在，然而细致观察，却无可探寻。寄寓诗人的种种向往追求，如蓝田山上的玉气，可望却终究渺茫难即。"沧海月明"与"蓝田日暖"，一夜晚一白昼，一高远苍凉一光明温暖，两相对照，皆揭示了人生的不完满。在"沧海月明"的境界里，是"珠"有"泪"；在"蓝田日暖"的美景下，"玉"也"生烟"，朦胧在烟霭之中！

　　诗人在这两联四句中，寓复杂难言的生命体验于四种绝美的复合意象，传达了一种强大的感发与联想力量。前两句寄情于物，把"晓梦""春心"之情借"蝴蝶""杜鹃"二物来表现。后两句借景生情，用"沧海月明""蓝田日暖"之景象来写"珠有泪"的悲哀与"玉生烟"的迷惘。诗人在大幅度的逻辑空白中隐没其内涵，造成扑朔迷离的甚至晦涩的美感。一切意象都如此美不胜收，而在这美好的体验中又深含着一种人生的空幻感、失落感。这就是诗人的生命，这就是诗人一生的生命体验。它丰富、充实却又含蓄、空灵，优美动人但又缥缈虚幻、悲凉感伤！在渺远的意象空间里给人以无限的触动与美感。

　　尾联"此情可待成追忆，只是当时已惘然"总括全诗。"此情"，指的是颔联、颈联所描述的四种不同的生命况味与体验："庄生晓梦"是心之所慕，梦由心生，入梦为蝶，表现人生如梦之悲；"望帝啼鹃"是意之所向，春心不死，寄于杜鹃，表现往事难续之痛；"鲛人泣珠"是情之所至，衷心悲哀，清泪潸潸，表现心酸寂寞之苦；"良玉生烟"是日暖自生，不期而至，若即若离，表现渺茫难即之叹。而诗人这种复杂丰富的情感，它悠远绵长、优美珍贵又悲哀恻艳，它如梦如幻、如怨如慕、如泣如诉，它们在产生的同时又归于幻灭、枉然成空，虽然它们可以留作永恒的追忆，但在追忆中，这些生命体验与人生况味也是说不清道不明的，也是难以言传的。而在经历的当时，又何尝不是惘然无觉的呢？

　　总之，李诗中多用梦幻的意象象征人生在时间的流程中梦幻般毁灭，李诗又善于创造空幻型的意象空间，表达扑朔迷离、朦胧怅惘的虚幻感受。《锦瑟》诗中所有的意象无一不美，但最终都笼罩在虚幻的气氛中，它们与诗人那种悲凉幽怨的生命体验融为一体，相得益彰。而正是这种美的意象与美的幻灭，才使李诗具有了撼动人心灵的永恒艺术魅力。

沉郁凄绝的哀叹与挽留

——李清照《凤凰台上忆吹箫》赏析

　　香冷金猊，被翻红浪，起来慵自梳头。任宝奁尘满，日上帘钩。生怕离怀别苦，多少事、欲说还休。新来瘦，非干病酒，不是悲秋。

　　休休！这回去也，千万遍阳关，也则难留。念武陵人远，烟锁秦楼。惟有楼前流水，应念我、终日凝眸。凝眸处，从今又添，一段新愁。

　　李清照（1084—1155），山东济南人，号易安居士，是我国宋代著名女词人。李清照出身书香门第，父亲李格非是当时一位很有名气的学者型官员，深受苏轼赏识，为"苏门后四学士"之一。母亲王氏，亦善文章。李清照天资聪颖，颇识音律。丈夫赵明诚乃当朝宰相赵挺之季子，历任州郡行政长官。两人结婚后，志同道合，情笃爱深，常常诗词唱和。屏居青州期间，更是朝夕相伴，猜书斗茶，在归来堂过着世外桃源般的生活。

　　然而，品读李清照的这首《凤凰台上忆吹箫》，总给人一种"雨洗梨花，泪痕犹在；风吹柳絮，愁思成团"之感，其中语意低回幽咽，情感沉郁莫测，字里行间透示出一种令人窒息的悲愁和别样的凄苦，但绝非仅仅表露了夫妻间的离愁别绪，而分明深藏着一种难言的隐痛。据考证，这首词写于宋徽宗宣和二年（1120 年），屏居生活结束，赵明诚重返仕途之际。次年 3 月 4 日，赵明诚便只身赴莱州任太守，李清照独自留守青州。赵明诚出外任职为何不带家眷？据专家分析，赵明诚此时已有外室，二人在感情上已不像屏居青州时那样谐和。面对即将赴任的丈夫，清照悲苦难言，欲说还休，离恨别愁难以尽诉，只好把沉痛的哀伤与绝望的挽留付诸笔端。

　　"香冷金猊，被翻红浪，起来慵自梳头。"金猊，狻猊（suān ní）形的铜香炉。狻猊，传说中龙生九子之一，形如狮，喜烟好坐，故其形象一般出现在香炉上，随之吞烟吐雾。因金狻猊极为气派，常常用做宫中器具。中国古人十分浪漫与讲究情调，唐以后时兴在闺房熏香，终日微火不断，以延意趣。古人有"红袖添香夜读书"的美句。"金猊"的出场显示了词中女子的身份和闺房的豪华。但她却任由金猊中的香火熄灭、冷却，无心去添香续香，闺房的冷清与居处其中的女子的心灰意懒，于此初现。"被翻红浪"，绣着华贵图案的红色锦衾被她的辗转翻身而弄皱，掀起了红浪，暗示词人一夜未眠。柳永在《凤栖梧》中用"鸳鸯绣被翻红浪"来描写词人与歌妓的双栖双宿，不乏情色与玩弄之意。李清照用在这里，可谓典语隽语，典雅别样的意境只是因为这么一个微小的细节与色彩而照亮闺房。

"任宝奁尘满，日上帘钩"，华美的梳妆镜匣被闲置一旁，落满灰尘，说明主人已经很久没有梳妆打扮了。此刻，太阳冉冉升起，阳光照进了屋里，寂寞地照射在没有挽起帘幕的空空的帘钩上。词人对身边物事的细腻描写与感受，恰是反映了她心思的细腻敏锐，衬托其深曲的心事与丝丝连连的情绪轨迹。一个"任"字，表明她听凭时光流逝，对装扮乃至万事不再关心的情态。日上帘钩，方"起来慵自梳头"，正如前篇《诗经·卫风·伯兮》所言："自伯之东，首如飞蓬。岂无膏沐？谁适为容！"自己喜欢的人不在身边，梳妆打扮给谁看呢？这里任宝奁闲掩，清楚地昭示了"悦己者"的离去。因此，这种离别，不同于两情缱绻时的相思离别，不同于"一种相思，两处闲愁"的甜蜜烦忧，这是一个人的悲哀。赵明诚无论处于主动还是被动纳妾，对一向自视甚高的女词人来说都是致命的打击。

上片开头五句只写一个"慵"字。香冷而不再去换新香点燃，一慵也；被也不叠，任凭胡乱摊堆床上，二慵也；起床后连头也不愿梳，何谈化妆，三慵也；梳妆匣上落满灰尘，懒得擦，懒得动，四慵也；日上帘钩，人才起床，五慵也。词人为何如此慵懒而没心情？原来是"生怕离怀别苦"。"生怕"一词，表明词人对离别后的相思与痛苦不堪忍受之情。"生"字则透露出了一种惊心，这种怕不是一般的怕，而是让人触目惊心的怕。一句"多少事，欲说还休"，本来有许许多多的心事想要倾诉，但却无从谈起。词人辗转反侧、情绪一波三折，想说又不能说，"怕伤郎，又还休道"。若是告诉丈夫，只是徒增他的烦恼而已，宁可把伤感苦痛深埋心底。"新来瘦"点出自己身体消瘦，但为何而瘦却不做正面回答，而是用"非干""不是"来反衬，表明既不关因酒而病，又非对秋景伤感所致，其中暗含之义正是离怀别苦所引发的复杂心绪，隐含着李清照的深深幽怨。这首词虽然是写常见的离愁别苦，但表现手法婉转回环，曲折幽深而情味弥足，堪称妙绝。

下片设想别后的情景。"休休"，以叠字加重语气，休，即算了。表达了词人一种失望、沮丧和无可奈何的心境，同时也可看出其任性刚毅的个性。"休休"远接上阕的"欲说还休"，至此，却依然是不能休。人终究是离去了，但是守候的人却无法从别离的情境中走出，伤痛而执着。《阳关曲》为唐宋时的送别曲。纵使千万遍《阳关》也难留，更增添了一份伤感，意中人行意的坚决反衬出闺中人的眷恋与愁苦。"念武陵人远，烟锁秦楼"，这里运用了两个典故。一个是"武陵人"，用刘义庆《幽明录》桃源寻艳的故事：汉代刘晨、阮肇入天台山，跟住在桃林中的仙女相爱，乐而忘返，等他们回家时妻子已去世，却见到他们的七世孙。晚唐诗人王涣《惆怅诗》云："晨肇重来路已迷，碧桃花谢武陵溪。仙山目断无寻处，流水潺湲日渐西。"表达了刘阮求归复还、往事难追的惆怅心情。词中"武陵人"喻指赵明诚离家而去。另一个是"秦楼"，相传春秋时有个萧史，善吹箫，作凤鸣，秦穆公以女弄玉妻之，筑凤台以居，一夕吹箫引凤，夫妇乘凤而去。"秦楼"是仙人萧史与秦穆公的女儿弄玉飞升以前所住的地方，这里喻指李清照自己的住所。丈夫已经远去，独留自己空守着昔日共住的妆楼。"锁"有"笼罩""隔绝"之意。烟雾隔断了她望夫的视线，丈夫的归期从此渺茫。《凤凰台上忆吹箫》这个词牌，也是因此典故而得名，寄托了李清照对曾经恩爱生活的追忆和对丈夫弃己而去的黯然挽留。

　　"惟有楼前流水，应念我、终日凝眸。"此三句近乎痴话。流水本是无情物，怎能"念"呢？但正因如此，才凸显词人的孤独与痴情。一是写出终日在楼前凝眸远眺，或盼信或望归。二是楼前的流水可以映出她凝眸的神情，也只有流水方可证明体验她的痴情，抒情何其深婉，入木三分。"凝眸处，从今又添，一段新愁。"用顶真格将词意再度深化，语意幽咽沉痛。"一段新愁"的"新愁"含义非常深刻，它说明这不是简单的夫妻别离之愁，这种"新愁"是过去没有体验过的，是深藏在离别之愁背后的被弃之愁。

　　这首词不同于以往描述离愁别绪的作品，表现手法婉转回环，曲折幽深而情味弥足，堪称妙绝。

世间最美的相思与哀愁

——李清照《醉花阴》审美价值透视

薄雾浓云愁永昼，瑞脑消金兽。佳节又重阳，玉枕纱厨，半夜凉初透。　东篱把酒黄昏后，有暗香盈袖。莫道不消魂，帘卷西风，人比黄花瘦。

李清照这首《醉花阴》作于 1104 年重阳节。据《续资治通鉴》卷八十八记载，1103 年 9 月，朝廷曾两次下诏要求宗室不得与元祐党子孙通婚，禁止党人子弟居住京城。李清照作为元祐党人李格非之女不得不与结婚才三年的丈夫分别，暂时住回原籍山东章丘明水。在漫长的独居生活中，李清照饱尝了伉俪分离的痛苦，于第二年（1104年）重阳节写下了这首著名的《醉花阴》。词人将真挚缠绵的相思之情和饱含生命情感的审美意象有机统一，字后藏情，弦外有音，情凄婉而意含蓄，在虚实相生的形象中蕴含着无穷之味和不尽之意。

"薄雾浓云愁永昼，瑞脑消金兽。"一开篇即令人耳目一新。词人不说自己愁、自己憔悴，却说薄雾浓云为昼长而发愁、瑞脑在铜香炉内慢慢消损化为灰烬。表面写物愁、物消损，实则写人愁、人憔悴损。人与物在此通感，相融共生。词人看到室外稀薄的雾气和浓厚的云层阴沉迷茫，心情自然压抑沉闷，所谓"瞻万物而思纷"，词人原本内心蕴蓄着相思难遣之情，便使得目光所及的外物也浸染上了浓重的情绪色彩。瑞脑，即龙脑，香料。金兽，兽形的铜香炉。词人看着铜香炉内的瑞脑香料慢慢烧尽，而自己的愁思却恰似袅袅青烟，不绝如缕，仍未消融。北宋词人秦观在《减字木兰花》中写道："天涯旧恨，独自凄凉人不问，欲见回肠，断尽金炉小篆香。"寂寞相思的愁肠就像香炉中曲曲盘桓的篆香一样，正是一寸相思一寸灰。此句移情入景，以环境烘托渲染闺阁孤愁和对丈夫的相思之情。

漫长的愁绪就像那金兽炉内燃烧的瑞脑香，烟雾袅袅，终日萦绕在孤独寂寞的女主人公心头。是什么让她如此之愁？"佳节又重阳，玉枕纱厨，半夜凉初透。"既点明了时令，也暗示了心绪不好、心事重重的原因。古时候，重阳节这天，人们有赏菊、饮菊花酒、登高、插茱萸的习俗。而自己依然是一个人"玉枕纱橱"半夜犹醒，词人怎能不格外伤情呢！孤居寂寞之意，从夜卧纱帐、深夜觉凉中透露出来，措辞十分深婉含蓄。一个"凉"字，不仅真实反映了九月天气变凉的季节特点，更重要的是它真实地表达了词人孤枕难眠的悲凉。这种凉，既是身体之凉，更是心里之凉，真是别有一番滋味在心头！

"东篱把酒黄昏后，有暗香盈袖。""东篱"指菊圃，即种植菊花之处。陶渊明的"采菊东篱下，悠然见南山"，表现的是他悠然自得的心境。而李清照却是独自把酒东篱，借酒浇愁而已。在房内闷了一整天，黄昏时分，词人只好强打精神，遵循佳节风俗，邀菊花共饮。如同李白《月下独酌》中的邀月共饮："花间一壶酒，独酌无相亲。举杯邀明月，对影成三人。"此处似乎可以看到词人忘情豪饮与醉酒中把玩菊花之情状，故而弄得菊花的幽香沾满衣袖。《古诗十九首·庭中有奇树》中有"馨香盈怀袖，路远莫致之"之句，说思妇折下芳香的花朵想要送给思念的人，可这人在远方，路途遥远，思妇无法将这份情送到。面对这扑人怀袖的菊花清香，词人亦是无法与丈夫分享，更无法将相思情怀传送给丈夫，此情何以堪？这更显示出她孑身一人独斟独饮的孤单，勾起更深的寂寞情怀。

"莫道不销魂，帘卷西风，人比黄花瘦。"最后三句可谓神来之笔，宛若电影中的特写镜头一下子推到我们眼前，这是词人积聚于心的情感的总爆发。江淹《别赋》中说："黯然销魂者，唯别而已矣！"认为人世间最苦的是离别。"莫道不销魂"，用双重否定来表达强烈的肯定之意，面对此情此景、心中无望的相思哀愁直令魂也销。只有瑟瑟西风恰似解人意，悄悄地卷起门帘，宛若离人归来。然而，在一次次失望的煎熬中，词人的愁情却更加浓郁。词人抬眼间，蓦然瞥见帘外黄昏时对饮的菊花，花瓣细长而纤弱，在萧瑟的西风中摇曳飘零，反观自身，觉得自己比那菊花更消瘦、憔悴，真是人不如菊！菊花，是清丽俊秀的，又是高雅端庄的。以菊花自喻，更清楚地表现出词人对丈夫思念的深切，爱情的真挚，以及词人的高标逸韵。此句以帘外之黄花与帘内之思妇相比拟映衬，境况相类，形神相似，不仅把人的神态展现了出来，而且也揭示了人的情操，创意极美。更有甚者，因花瘦而言及己瘦，以宾陪主，同命相恤，物我交融，以人瘦胜于黄花，极含蓄地表达了凝重的离思，与词旨相合无间，给人以余韵绵绵之感。贯穿全篇的愁思，到这里用一个"瘦"字使它得到了最集中、最强烈、最生动、最形象的表现。万般言语，千情百思都集中透入这一"瘦"字，形象鲜明含蓄，耐人寻味。情不说破，而情越深，可谓幽情凄清，声情双绝。

元代伊世珍《琅嬛记》载："易安以重阳《醉花阴》词函致赵明诚。明诚叹赏，自愧弗逮，务欲胜之。一切谢客，忘食忘寝者三日夜，得五十阕。杂易安作，以示友人陆德夫。德夫玩之再三，曰：'只三句绝佳。'明诚诘之。答曰：'莫道不消魂，帘卷西风，人比黄花瘦。'正易安作也。"尽管夹杂于五十阕不同词中，《醉花阴》却依然鹤立鸡群，异光独射。可见，词人缠绵委婉的真挚感情和独特的审美价值是非他人所能及的。明代杨慎在《词品》中曾言"宋人中填词，李易安亦称冠绝。"清照词之所以能"冠绝"于两宋词坛，不能不说是其词独特艺术审美魅力的结果。

生命的追寻

——泰戈尔《吉檀迦利》第十二首赏析

　　我旅行的时间很长，旅途也是很长的。

　　天刚破晓，我就驱车起行，穿遍广漠的世界，在许多星球之上，留下辙痕。

　　离你最近的地方，路途最远，最简单的音调，需要最艰苦的练习。

　　旅客要在每个生人门口敲叩，才能敲到自己的家门，人要在外面到处漂流，最后才能走到最深的内殿。

　　我的眼睛向空阔处四望，最后才合上眼说："你原来在这里！"

　　这句问话和呼唤"呵，在哪儿呢？"融化在千股的泪泉里，和你保证的回答"我在这里！"的洪流，一同泛滥了全世界。

　　这首散文诗是印度诗人泰戈尔的著名诗集《吉檀迦利》中的第12首。1913年，52岁的泰戈尔因这部诗集荣获诺贝尔文学奖，成为第一位获得诺贝尔文学奖的亚洲人。泰戈尔一生笔耕不辍，作品卷帙浩繁，他共写了50多部诗集，最有名的有《吉檀迦利》《园丁集》《新月集》《采果集》《飞鸟集》《爱者之贻》《渡口集》《游思集》等，被称为印度"诗圣"。《吉檀迦利》共有103首，当时已名声显赫的爱尔兰诗人叶芝在《吉檀迦利》序中盛赞泰戈尔"是那么丰富多彩，那么自然流畅，那么热情奔放，那么出人意表"，他找到了"文学里其他地方找不到的一种天真，一种单纯"。诚然，泰戈尔诗歌的世界丰富而又单纯，既有人生的体验，又有对未来的憧憬；既有执着的追求，又有对纯真爱情的歌颂，抵达了一个爱与真相融合的极美艺术境界。泰戈尔诗风清新隽永，宛如印度的素馨花一般沁人心脾。

　　这首散文诗用象征手法揭示了人类对自我生命的永恒探求与追寻。首句"我旅行的时间很长，旅途也是很长的"，两个"长"字，从时间与空间、纵向与横向双向维度阐明人的生命过程其实就是一场艰难痛苦的无尽旅程。"天刚破晓，我就驱车起行，穿遍广漠的世界，在许多星球之上，留下辙痕。"第二句表明这一场旅行的艰苦、孤独与不易。诗人日夜兼程，风餐露宿，只为能够在别人未曾涉足的星球上留下自己的辙痕。诗人曾在《飞鸟集》中写道："天空没留下翅膀的痕迹，但我已飞过。"可见，在诗人心中，这场生命的旅行最终有没有留下什么并不重要，重要的是"经历与体验"本身。人活着就要勇敢地去探求未知，去体验生命的滋味，去追寻生命存在的价值。

　　为什么要历尽艰险苦苦寻求？诗人继续道："离你最近的地方，路途最远，最简单的音调，需要最艰苦的练习。"泰戈尔的诗，总在细腻的体验与热烈的情感中带有一份哲理的思考。这句话出现了一个抒情对象——"你"。一切的努力都只是为了靠"你"更近；一次次艰难的练习，都只是为了在"你"面前唱一首完美动听的歌。可见，"你"，是高远的理想，是生命的真谛，是爱，是诗人此生不懈的追寻。柏拉图对话录中有这样一个故事：据说人类原是一种球形的生命体，后因行为恶劣被神劈为两半，从此，每个人作为被劈开的半个始终在寻求着生命的另一半。这个美丽动人的故事揭示了人类在孤独中渴望回归圆满、永恒追寻自我完整的本质。

　　泰戈尔在《吉檀迦利》第二首中写道："当你命令我歌唱的时候，我的心似乎要因着骄傲而炸裂，我仰望着你的脸，眼泪涌上我的眶里……我知道你欢喜我的歌唱。我知道只因为我是个歌者，才能走到你的面前。"据说，这首诗是献给他爱的嫂子。泰戈尔一生中有三次爱，第一次便是他的嫂子——他心目中的理想情人——鼓励激发了他的天才诗情。因此，泰戈尔在他的诗中屡屡说他是一位歌者。为了在所爱的人面前唱出最动听的歌，甘愿付出最艰苦的努力。

　　"旅客要在每个生人门口敲叩，才能敲到自己的家门，人要在外面到处漂流，最后才能走到最深的内殿。"的确，人生本是苦旅。在这人生苦旅中，有着诗人热切的盼望，有着长久的等待，有着深刻的焦灼，有着无限的激情。诗人一方面表明自己独自在人间跋涉的艰辛，一方面表明他坚定的信念——人终将会找到真正的自己，实现自己的理想，抵达自己心灵的归宿。从中，我们可以感觉到诗人为此而苦苦不懈追求的生命的激情与爱。而理想实现的瞬间，却总有一种"众里寻他千百度，蓦然回首，那人却在灯火阑珊处"的错愕与惊喜。

　　"我的眼睛向空阔处四望，最后才合上眼说：'你原来在这里！'这句问话和呼唤'呵，在哪儿呢？'融化在千股的泪泉里，和你保证的回答'我在这里！'的洪流，一同泛滥了全世界。"历经日日夜夜心的磨炼——漫长而苦涩的等待，痛苦而深刻的思索，痴心不懈的苦寻，终于，诗人抵达了自己的目的地，在那里找到了自己的另一半——一个永远期待的灵魂与一个永远找寻的灵魂彼此遇合。此刻，千股的泪泉里有震撼、有激动、有历经磨难与痛苦之后最深的安慰。但诗人似乎仍然不相信自己的眼睛，直到听到对方保证的回答"我在这里！"情感的洪流随即泛滥了全世界，而诗人此刻忘记了整个世界的存在，似乎对方就是自己的全世界，是自己存在于人间的理由。最后一节用彼此对话的表现方式，传达出寻找的不易与终于找到的现实感、真切感，读来酣畅淋漓、动人心魄。

　　"吉檀迦利"是印度语"献诗"的意思，即奉献给神的礼物。神具有"无限"的性质，而人是"有限"的，《吉檀迦利》表现了"有限"与"无限"之间活生生的人格关系。泰戈尔在《论人格》一文中说："人所追求的神就是他最终的希望，这种希望，能够支持他生活并给予他力量，因此，他崇拜的对象——神必须与他的感情、希望、爱和信仰相一致。"人的生命虽然是有限而无常的，但我们对生命的那份激情与爱却是无限的，生命需要以这种不懈追求、无限虔诚的激情与爱去追寻"神人合一"的生命真谛。我们的生命正因为有了这份激情与爱，才会变得更加有意义，更加美好，一切的生命才因此而更加充满生机与活力！

你我之间的爱情单纯如歌曲
——泰戈尔《园丁集》第十六首赏析

　　两手相挽，凝眸相视：这样开始了我们的心的记录。

　　这是三月的月明之夜；空气里是指甲花的甜香；我的横笛遗忘在大地上，而你的花环也没有编成。

　　你我之间的这种爱情，单纯如歌曲。

　　你的番红花色的面纱，使我醉眼陶然。

你为我编的素馨花冠，像赞美似的使我心迷神驰。

这是一种欲予故夺、欲露故藏的游戏；一些微笑，一些微微的羞怯，还有一些甜蜜的无用的挣扎。

你我之间的这种爱情，单纯如歌曲。

没有超越现实的神秘；没有对不可能的事物的强求；没有藏在魅力背后的阴影；也没有在黑暗深处的摸索。

你我之间的这种爱情，单纯如歌曲。

我们并不背离一切言语而走入永远缄默的歧途；我们并不向空虚伸手要求超乎希望的事物。

我们所给予的和我们所得到的，都已经足够。

我们不曾贪欢过度，不致从欢乐中榨出痛苦的醇酒。

你我之间的这种爱情，单纯如歌曲。

《园丁集》是泰戈尔"关于爱情和人生的抒情诗集"，1913年出版，共收录诗歌85首，均无题。诗集第一首，作者以仆人的身份向女王请求：他决意搁下别的工作，唯愿充当人类花园里一名忠实的园丁，为爱情和人生培植美丽的繁花。这就是诗集题名为《园丁集》的用意。这些诗歌作品短小精悍，形式活泼，内容深邃，诗意浓郁，富有哲理。特别是诗人善于运用散发着花朵芬芳和色彩闪耀的诗句表达爱情生活里种种难以言喻和难以捕捉的情感与体验，不止于形，而重于情，不仅带给读者一幅绚丽温情的画卷，更是传达了一种超尘脱俗的诗的意境。

诗集第16首，诗人用最平凡、最朴实的字眼来反复咏唱他的爱情理想——"你我之间的这种爱情，单纯如歌曲。"这一诗句，既无修饰，又无夸张，然而，它却纯真，质朴，给人以静谧安详的审美感受。人所终极追求的生命体验，不就是这种如同歌曲般单纯而又自然的爱情境界吗？

"两手相挽，凝眸相视：这样开始了我们的心的记录。"开头一句便道尽了《诗经》里面"执子之手，与子偕老，死生契阔，与子相悦"的深情款款与生死相约。"心的记录"，即你我之交往，一切皆发自于本心，既无虚假，亦无伪饰。这是后面男女主人公真实自然交往的前提，因为，只有付出真心的交往才能够单纯如同歌曲。也只有这样的爱情，才会优美如"三月的月明之夜"，情深似空气里"指甲花的甜香"，既悠扬，又深沉，既清澈如水，又浓郁如花。

在诗人眼中，真正的两性之爱或许就是如此，不需要太多，只要你和我。我们单纯的生活，"指甲花""横笛""素馨花冠""番红花色的面纱"等等来装饰我们的游戏。一切都不刻意，一切都是自然而然。任由横笛遗忘在大地上，素馨花冠随性而编。然而，越是简单、含蓄的情感，越是给人留下最美丽而且难忘的怀想。充满温馨的生活细节"使我醉眼陶然""使我心迷神驰"，如同《新月集》中所描绘的儿童心灵王国一样，凡俗生活中亦有着平和、宁静、欢乐，只要你拥有一颗善感的爱心。

这种"单纯如歌曲"的爱情，"没有超越现实的神秘；没有对不可能的事物的强求；没有藏在魅力背后的阴影；也没有在黑暗深处的摸索"。它不"贪欢过度"，"向空虚伸手要求超乎希望的事物"，以致"从欢乐中榨出痛苦的醇酒"。我们之间不会太寂寞，我们之间不会没有所得，我们之间不会品尝太多苦酒。真正的爱情就像歌，这就是我们所要追求的生活。

在《园丁集》最后一首诗中，诗人写道：

百年后读着我的诗篇的读者，你是谁呢？

我不能从这春天的富丽里送你一朵花，我不能从那边云彩里送你一缕金霞。

打开你的门眺望吧。

从你那繁花盛开的花园里，收集百年前消逝的花朵的芬芳馥郁你的记忆吧。

在你心头的欢乐里，愿你能感觉到某一个春天早晨歌唱过的，那生气勃勃的欢乐，越过一百年传来它愉快的歌声。

这本诗集出版到现在已经100多年，在诗人诞生整整155年和逝世整整75年的今天，作为泰戈尔所热爱的中国的读者，我们读这本诗集时，心头的欢乐多于悲伤，泰戈尔所精心培植的这束鲜花，将开放在我们的心上，永不凋零。

爱情太短，而遗忘太长

——聂鲁达《爱》赏析

巴勃鲁·聂鲁达是20世纪智利著名诗人，1924年他发表《二十首情诗和一支绝望的歌》一举成名，1971年因诗集《情诗·哀诗·赞诗》获得诺贝尔文学奖，马尔克斯认为他是"20世纪所有语言中最伟大的诗人"。聂鲁达度过了爱无止境、歌唱不息的传奇一生，在他情爱的眼眸中，有种"当这个世界一步一步华丽到荒芜，请放心我还是你的信徒"的决绝。且看他的这首《爱》——

在百花盛开的花园里，为了你的缘故，春天的芳香使我发疼。

我已经忘掉你的脸，我已经记不起你的手；你的唇在我的唇上是什么感觉。

为了你的缘故，我爱上公园里打瞌睡的白色雕像，没有声音没有目光的雕像。

我已经忘记你的声音；我已经忘记你的眼睛。

关于你的模糊记忆缠住我，犹如香气缠住花。我忍痛生活，痛楚像伤口；假如你碰触我，对我会造成不可补救的伤害。

你用爱抚包裹我，像蔓藤包裹忧郁的墙。

我已经忘记你的爱，而我似乎仍然在所有的窗口瞥见你。

　　为了你的缘故，夏天强烈的香气使我痛苦；为了你的缘故，我再度找寻猛然抛下欲望的符号：流星，下坠的物体。

　　这首诗所写的，是对流逝的爱情的痛苦记忆。

　　无可否认，岁月的力量是可怕的，清晰的记忆会渐渐模糊，正如诗中所说；"我已经忘掉你的脸，我已经记不起你的手；你的唇在我的唇上是什么感觉"。在某一段时间，诗人甚至已经不能清晰地回忆起爱人的眼睛、声音，乃至爱本身。

　　但是，真正的爱情具有持久而坚韧的品格，正如野草，岁月只能暂时使地面的枝叶枯萎衰败，而地下的根茎，随时都会被催发萌动，抽出新绿。春天的芳香是记忆的催生素，虽然斯人已逝，但记忆正慢慢苏醒。随着诗人一点一点地细数，有关爱人的刻骨记忆再次清晰地浮现在诗人脑海中。"忘记"，实则是"忆起"；否则，春天的芳香不会使我发疼，宛如老旧的伤口绽开了新伤。

　　古诗中写道："去年今日此门中，人面桃花相映红。人面不知何处去，桃花依旧笑春风。"这里叙述的是淡淡惆怅，是游丝一样的寂寞。同是触景生情，而聂鲁达写出的则是深刻的痛楚，是在爱的痛苦记忆中沉浮。"关于你的模糊记忆缠住我，犹如香气缠住花"，花儿本身自带香气，如何挣脱开去？对你的记忆也是如此，只要我存在，记忆永存，如何割断？然而，无望的爱情带来的只有痛苦："我忍痛生活，痛楚像伤口；假如你碰触我，对我会造成不可补救的伤害。"我就像一处一直在疼痛的创伤，只要你一加触碰，立刻会使我遭受莫大的伤痛。一个不再爱的人，他的一言一行一举一动，对依然深爱的人来说，无疑都是一种无言的伤害，且这种伤害一旦造成，永难弥补，因为他再也不会回头了。

　　"为了你的缘故，我爱上公园里打瞌睡的白色雕像，没有声音没有目光的雕像"，爱得太痛苦，诗人终于承受不住，他离开盛开的百花，去对着睡卧在公园里的白色雕像发呆，因为它们默然无声，两眼一无所见，更没有挥之不去的情感，似乎可以令我切断对你的记忆。

但一切无济于事，我依然想念你曾经的爱抚，想念你的脉脉柔情缠绕着我的日子，犹如蔓藤包裹忧郁的墙，爱总使人忧伤，哪怕是一面毫无情感温度的墙，何况是人？我寻找新的窗口，试图开始一种崭新的生活。"而我似乎仍然在所有的窗口瞥见你"，你已经占据了我的整个世界，使我逃无可逃。

"爱情太短，而遗忘太长"，在与岁月的较量中，爱情依然占着上风。然而，这爱情带来的已不是甜蜜，而是生命的沉重："为了你的缘故，我再度找寻猛然抛下欲望的符号：流星，下坠的物体。"有人说，爱上一个不能相爱的人，是生命之苦；爱上一个不能相爱却又无法彻底忘怀的人，更是苦中之苦、终生之痛！当爱的记忆再次苏醒，欲望的兽在春天里一道醒来，历经春夏而无法释怀，诗人只好借助流星来使自己绝望。流星受地球吸引偏离了自己的轨道，虽有片刻自我燃烧的炫彩夺目，但转瞬间便化为灰烬、归于沉寂；下坠的物体，同样是一种绝望的象征，爱太痛苦，不如决绝而去。

聂鲁达曾在另一首诗中写道："在双唇与声音之间的某些事物逝去/鸟的双翼的某些事物，痛苦与遗忘的某些事物/如同网无法握住水一样/当华美的叶片落尽/生命的脉络才历历可见。"当下一个春天到来的时候，不知道对你的思念会不会再次毫无防备如潮水般席卷而来，再次将我整个淹没？或许，对你的痛苦记忆终将会化作一份清晰的顽强，永远镌刻在我生命的记忆里。

结　语

　　古希腊哲学家苏格拉底的父亲是一位著名的石雕师傅，在苏格拉底很小的时候，有一次他的父亲正在雕刻一只狮子，小苏格拉底观察了好一阵子，问父亲："怎样才能成为一个好的雕刻师?"

　　"看!"他父亲说，"以这只石狮子来说吧，我并不是在雕刻这只石狮子，我只是在唤醒它。"

　　"唤醒?"

　　"狮子本来就沉睡在石块中，我只是将它从石头监牢里解救出来而已。"

　　长大的苏格拉底最终也成为一名雕刻师，他唤醒的是那个时代人们的心灵。

　　对于教育来说，每个学生都是一个潜藏着无限可能性的独立的人，犹如石块里面沉睡的狮子，都有属于他自己的"本源性"的东西，而绝不是一块任人捏制的软泥。教育的价值绝不是凭外力强制去改造他们，而是唤醒他们处于沉睡状态的潜能与需要，唤醒他们心灵深处的创造性能量，使他们的心灵从封闭走向开放，从蒙昧走向敞亮，从而让每个学生焕发出动人的生命光彩。那么，如何把潜能变成现实?作为心灵"雕刻师"的教师要担负起这重任。因此，从某种意义上说，教育所能达到的高度，就是教师自身所能达到的高度;学生被唤醒的程度，取决于教师自身觉醒的程度。

　　语文教育，归根结底是一颗心感染另一颗心，一个生命影响另一个生命，一个灵魂唤醒另一个灵魂的活动。然而，由于"唤"者与"醒"者并非同一主体，想要唤醒学生，教师首先必须是一个已经觉醒了的人，如此，方能达到"先觉觉后觉"① 的唤醒效果。否则，自身糊里糊涂，还如何能去唤醒别人呢？正如梁实秋回忆梁启超讲古诗《箜篌引》的情形。功底深厚的语文教师，自身所具有的那种精神气度，天然就对学生形成一种无声的陶冶与熏染。根本原因就在于，觉醒的教师往往博学多能，底蕴深厚，更能够深解语文的真谛与趣味，故一言一行皆露意趣，往往能够在潜移默化当中影响学生。

　　纵观古今，凡是在语文教育上取得成功的教师，无不是热爱学习，重视自身修养，在学问上不断追求自我超越的人，总之，是一个觉醒的人。如此，教师以自身的修养与人格魅力去影响学生，唤醒学生，陶冶学生的心灵。从这个意义上说，教师所能教给学生的，不是语文，而是只有教师自我，"我即语文"（陈日亮语）。只有觉醒的人才有不断吸收各种营养以促进自身成长的自觉，只有觉醒的人才有以自身生命体验去唤醒学生心灵的主动意识，也只有觉醒的人才会对学生、对教育、对整个世界充满无尽的爱，全部身心投入到语文教育之中，享受不断追求的乐趣，从而使语文唤醒教育真正成为可能。通过本书的阐述，我们或许可以推断出觉醒者所应具备的人格特质：第一，觉醒者是有着真实性情的人；第二，觉醒者是懂得并能充分享受趣味的人；第三，觉醒者能够过一种自动的智慧的生活；第四，觉醒者是能够在人格上不断生长的人。

　　那么，语文教师如何才能成为觉醒者？冯友兰说，传统的中国学者，是超越自然境界和功利境界的人，追求道德境界和天地境界，具有普遍的社会关怀。② 语文唤醒教育从教育内容、教育目的和教育手段上摆脱了功利目的，这就为语文教师超越功利境界提供了条件。语文教师如能躬行以身载道，则可以"赞天地之化育"③，以自身的人格力量来唤醒学生。具体来说，语文课程资源本身所具有的唤醒质素

---

① 杨伯峻：《孟子译注》，中华书局1960年版，第225页。

② 冯友兰：《冯友兰论教育》（序言），人民出版社2010年版，第2页。

③ （宋）朱熹：《四书章句集注》，金良年今译，上海古籍出版社2006年版，第41页。

不仅对学生有一种唤醒作用，对教师来说，同样如此。甚至可以说，它们先是对教师发生唤醒作用，使教师成为先觉者。因为，首先，在备课过程中，教师的心灵被语文教育资源所打动，先就有了一种理解与醒悟，在课堂教学中，教师更多的是把自己的发现和领悟与学生分享；如果教师在备课过程中没有自己的发现与领悟，那么他的课就是没有价值的，也就是没有内容的，起码对于学生来说，教学内容是不存在的。其次，在课堂上，师生对文本的共同探究，也是教师心灵能够被唤醒的一个契机，正如王荣生教授所说，只有课堂教学才能最终使语文教学内容"由一种潜藏性的存在转换成一种现实性的存在"①。再次，由于体验是唤醒的必由路径，而教师的体验可能会比学生的更为丰富，从这个意义上说，教师应该更容易觉醒，而成为"具有清澈的思想风格和优美的鉴赏力的启蒙者"②、先觉者。总之，语文唤醒教育是"先觉觉后觉"的唤醒过程，如果没有觉醒的教师，便不会有真正意义上的唤醒教育。

　　叶圣陶说，教师"自己不明白人生的究竟，也就不明白儿童的究竟。换一句话说，便是不明白使儿童怎样才算真好。又因为不明白儿童的心理，所设计的德目和科目，以及教育步序方法，往往成为徒劳。而要明白儿童的究竟和儿童的心理，教师非先自觉不可"③。教育事业原是教师做的，教师不能只等旁人来"觉我"，要靠自己的悟性。"凡是人生的一切，从'外铄'得来的，虽言表明理，行合正谊，也不过是被动的；若是从'自觉'得来的，便灵心澈悟，即知即行。"④ 从"外铄"走向"自觉"，才是语文教育的正途。而语文教师所要做的，就是领着学生沿着这个正途走下去。

---

　　① 　王荣生、李海林：《语文课程与教学理论新探·学理基础》，上海教育出版社 2008 年版，第 20 页。

　　② 　[美] 爱因斯坦：《爱因斯坦文集》第 3 卷，许良英、李宝恒、赵中立、范岱年编译，商务印书馆 2010 年版，第 351 页。

　　③ 　刘国正编：《叶圣陶教育文集》第 2 卷，人民教育出版社 1994 年版，第 26—27 页。

　　④ 　同上书，第 18 页。

参考文献

[1] [古希腊] 柏拉图：《理想国》，郭斌和、张竹明译，商务印书馆 1986 年版。

[2] [德] 雅斯贝尔斯：《什么是教育》，邹进译，生活·读书·新知 三联书店 1991 年版。

[3] [德] 马丁·布伯：《我与你》，陈维纲译，生活·读书·新知三 联书店 1986 年版。

[4] [德] 威廉·狄尔泰：《精神科学引论》，艾彦译，译林出版社 2012 年版。

[5] [德] 威廉·狄尔泰：《历史中的意义》，艾彦译，译林出版社 2011 年版。

[6] [德] 福禄培尔：《人的教育》，孙祖复译，人民教育出版社 1991 年版。

[7] [德] 恩斯特·卡西尔：《人论》，甘阳译，上海译文出版社 1985 年版。

[8] [苏] 苏霍姆林斯基：《怎样培养真正的人》，蔡汀译，教育科学 出版社 1992 年版。

[9] [德] 马丁·海德格尔：《存在与时间》（第 3 版），陈嘉映、王 庆节译，生活·读书·新知三联书店 2006 年版。

[10] [德] 第斯多惠：《德国教师培养指南》，袁一安译，人民教育 出版社 2001 年版。

[11] [美] 约翰·杜威：《民主主义与教育》，王承绪译，人民教育 出版社 2001 年版。

［12］［意］玛丽亚·蒙台梭利：《童年的秘密》，马荣根译，人民教育出版社 2005 年版。

［13］［法］卢梭：《爱弥儿——论教育》上卷，李平沤译，人民教育出版社 2001 年版。

［14］［美］亚伯拉罕·马斯洛：《动机与人格》，许金声译，中国人民大学出版社 2012 年版。

［15］［美］小威廉姆·E. 多尔：《后现代课程观》，王红宇译，教育科学出版社 2000 年版。

［16］［德］伽达默尔：《哲学解释学》，夏镇平、宋建平译，上海译文出版社 1994 年版。

［17］［瑞士］皮亚杰：《发生认识论原理》，王宪钿译，商务印书馆 1981 年版。

［18］［瑞士］皮亚杰：《结构主义》，倪连生、王琳译，商务印书馆 1984 年版。

［19］［苏］列·符·赞科夫：《和教师的谈话》，杜殿坤译，教育科学出版社 1980 年版。

［20］［苏］苏霍姆林斯基：《给教师的建议》，杜殿坤译，教育科学出版社 1984 年版。

［21］［美］爱因斯坦：《爱因斯坦文集》第 3 卷，许良英、李宝恒、赵中立、范岱年编译，商务印书馆 2010 年版。

［22］中华人民共和国教育部：《义务教育语文课程标准（2011 年版）》，北京师范大学出版社 2012 年版。

［23］中华人民共和国教育部：《普通高中语文课程标准（实验）》，人民教育出版社 2003 年版。

［24］（东汉）许慎：《说文解字》，李翰文译注，九州出版社 2006 年版。

［25］（宋）朱熹：《四书章句集注》，金良年今译，上海古籍出版社 2006 年版。

［26］杨伯峻：《论语译注》，中华书局 1980 年版。

［27］杨伯峻：《孟子译注》，中华书局 1960 年版。

［28］杨天宇：《礼记译注》，上海古籍出版社 2010 年版。

［29］高时良：《学记研究》，人民教育出版社 2006 年版。

［30］（南北朝）颜之推：《颜氏家训》，时代文艺出版社 2001 年版。

［31］张隆华、曾仲珊：《中国古代语文教育史》，四川教育出版社
　　　2000 年版。

［32］李杏宝、顾黄初：《中国现代语文教育史》，四川教育出版社
　　　1997 年版。

［33］邹进：《现代德国文化教育学》，山西教育出版社 1992 年版。

［34］谢地坤：《走向精神科学之路——狄尔泰哲学思想研究》，江苏
　　　人民出版社 2008 年版。

［35］李泽厚：《李泽厚论教育·人生·美——献给中小学教师》，华
　　　东师范大学出版社 2011 年版。

［36］冯友兰：《冯友兰论教育》，人民出版社 2010 年版。

［37］刘永康：《西方方法论与现代中国语文教育改革》，人民出版社
　　　2007 年版。

［38］张奎志：《体验批评：理论与实践》，人民出版社 2001 年版。

［39］联合国教科文组织总部中文科：《教育——财富蕴藏其中》，教
　　　育科学出版社 1996 年版。

［40］林格：《教育是没有用的——回归教育的本质》，北京大学出版
　　　社 2009 年版。

［41］李晓文：《学生自我发展之心理学探究》，教育科学出版社 2001
　　　年版。

［42］申小龙：《汉语与中国文化》，复旦大学出版社 2003 年版。

［43］叶澜主编：《中国基础教育改革的文化使命》，教育科学出版社
　　　2001 年版。

［44］郝德永：《课程与文化》，教育科学出版社 2002 年版。

［45］曹明海：《文学解读学导论》，人民文学出版社 1997 年版。

［46］曹明海：《本体与阐释：语文课程的文化建构观》，山东教育出

版社 2011 年版。

[47] 刘国正编:《叶圣陶教育文集》,人民教育出版社 1994 年版。

[48] 罗明等编:《陶行知文集(修订本)》,江苏教育出版社 2001
年版。

[49] 吕叔湘:《语文漫谈》,辽宁教育出版社 2005 年版。

[50] 潘新和:《语文:表现与存在》,福建人民出版社 2004 年版。

[51] 刘学芝等:《基于生命——课堂生活重建探索》,山东教育出版
社 2007 年版。

[52] 钱理群:《语文教育门外谈》,广西师范大学出版社 2003 年版。

[53] 钱理群:《经典阅读与语文教学》,漓江出版社 2012 年版。

[54] 钱理群、孙绍振、王富仁:《解读语文》,福建人民出版社 2010
年版。

[55] 孙绍振:《月迷津渡——古典诗词个案微观分析》,上海教育出
版社 2012 年版。

[56] 孙绍振:《名作细读——微观分析个案研究(修订版)》,上海
教育出版社 2009 年版。

[57] 温儒敏:《温儒敏论语文教育》,北京大学出版社 2010 年版。

[58] 温儒敏:《温儒敏论语文教育二集》,北京大学出版社 2012
年版。

[59] 王荣生、李海林:《语文课程与教学理论新探·学理基础》,上
海教育出版社 2008 年版。

[60]《语文学习》编辑部:《课堂教学艺术》,上海教育出版社 2000
年版。

[61] 于漪:《于漪文集》,山东教育出版社 2001 年版。

[62] 于漪:《涌动生命的课堂》,山西人民出版社 2011 年版。

[63] 于漪:《语文教学谈艺录(修订本)》,上海教育出版社 2012
年版。

[64] 钱梦龙:《导读的艺术》,人民教育出版社 1995 年版。

[65] 窦爱君:《钱梦龙与语文导读法》,国际文化出版公司 2003

年版。

［66］龚春燕等：《魏书生与六步教学法》，国际文化出版公司 2003 年版。

［67］王耀辉：《文学文本解读》，华中师范大学出版社 1999 年版。

［68］王丽：《名家谈语文学习》，华东师范大学出版社 2007 年版。

［69］陈日亮：《如是我读——语文教学文本解读个案》，华东师范大学出版社 2011 年版。

［70］陈日亮：《我即语文》，福建教育出版社 2007 年版。

［71］李镇西：《李镇西与语文民主教育》，国际文化出版公司 2003 年版。

［72］李镇西：《听李镇西老师讲课》，华东师范大学出版社 2005 年版。

［73］李镇西：《教有所思——李镇西随笔选》，华东师范大学出版社 2003 年版。

［74］梁启超：《梁著作文入门》，中国工人出版社 2007 年版。